AF389972

LE CONSEILLER

DÉBITANT DE BOISSONS.

PARIS, IMPRIMERIE ADMINISTRATIVE DE PAUL DUPONT,
Rue de Grenelle-Saint-Honoré, 45.

LE CONSEILLER

DU

DÉBITANT DE BOISSONS,

CONTENANT

LA LÉGISLATION ET TOUS LES RENSEIGNEMENTS INDISPENSABLES

AUX GENS QUI EXERCENT CETTE PROFESSION;

INDIQUANT

**la manière d'établir soi-même
les décomptes des différents droits, donnant un grand nombre
de ces calculs tout faits, et les divers modes
de jaugeages, etc.,**

PAR

M.-J.-Eugène DU LIÈGE DE PUYCHAUMEIX,

Employé des Contributions indirectes, inventeur (breveté s. g. d. g.) des Jauges
et Mètres à ressorts.

<hr>

PARIS,

<table>
<tr><td>CHEZ L'AUTEUR,</td><td>A LA LIBRAIRIE ADMINISTRATIVE</td></tr>
<tr><td>RUE DE REUILLY, N° 14,
à Charenton - le - Pont,
près Paris.</td><td>DE PAUL DUPONT,
Rue Grenelle-Saint-Honoré, n° 45,
à Paris.</td></tr>
</table>

1859.

LE CONSEILLER

DU

DÉBITANT DE BOISSONS.

DÉBITANTS.

Sont compris sous cette dénomination les cabaretiers, aubergistes, traiteurs, restaurateurs, maîtres d'hôtels garnis, cafetiers, liquoristes, buvetiers, débitants d'eau-de-vie, concierges, et autres donnant à manger au jour, au mois ou à l'année, ainsi que tout ceux qui vendent en détail des vins, cidres, poirés, hydromels, eaux-de-vie ou liqueurs. (Art. 50 de la loi du 28 avril 1816.)

Les concierges d'établissements publics où il se consomme des boissons, sont réputés débitants sans qu'il soit nécessaire de prouver qu'ils vendent des boissons. (Arrêts des 22 février 1840 et 22 janvier 1841.)

Les concierges ou geôliers des prisons ne peuvent devenir débitants sans une autorisation du fonctionnaire public chargé de la surveillance et de la police de ces prisons.

Sont réputés débitants tous ceux qui, sans être logeurs de profession, reçoivent, pendant certaines saisons, des ouvriers auxquels ils trempent la soupe, sans cependant leur fournir de vin ; les traiteurs et restaurateurs qui donnent à manger chez eux, lors même qu'ils justifient qu'ils ne fournissent pas les boissons consommées chez eux par leurs pensionnaires, et tous ceux qui élèvent des pensions bourgeoises.

Les femmes d'officiers qui se chargent de pourvoir à la nourriture d'un certain nombre d'officiers du même corps, lors même qu'elles prétendent ne recevoir aucune rétribution en sus de la quote-part de chacun, sont réputées débitantes. (Décision 318.)

LICENCES.

Aucun débit à consommer sur place ne peut être ouvert sans une autorisation préalable du préfet. (Décret du 29 décembre 1851.)

Cette formalité est inutile pour ouvrir un débit de boissons à emporter.

Tous les débitants sont astreints à la licence par le fait même de leur profession, et sans qu'il soit besoin d'établir qu'ils se livrent au débit des boissons (art. unique, loi du 23 avril 1836). Il y a exception pour les cantiniers établis dans les camps, forts et citadelles, pourvu qu'ils ne reçoivent que des militaires, et qu'ils aient une commission du Ministre de la guerre. (Art. 51, loi du 28 avril 1816.)

Avant d'ouvrir son débit, le postulant, quoique muni de l'autorisation préfectorale, doit faire sa déclaration au bureau de la régie de vouloir vendre, soit sur place, soit à emporter, tel ou tel liquide soumis aux droits.

La licence se paye par trimestre et à l'avance, de sorte que le premier trimestre est dû lors de la déclaration.

Lorsqu'un débitant prend sa licence, ou déclare cesser dans le courant d'un trimestre, il paye la licence du trimestre en entier.

La licence n'est valable que pour un seul débit, c'est-à-dire que le débitant qui a plusieurs débits ouverts dans la même ville doit payer autant de licences qu'il a de débits.

Le débitant qui cesse son débit et le reprend avant l'expiration du trimestre pour lequel la licence a été payée, n'est pas tenu de la payer une seconde fois pour ce même trimestre; seulement il doit en faire la déclaration au bureau de la Régie et a le timbre de dix centimes à payer.

La licence s'applique au débit et non au débitant (décision 629). Celui qui remplace un assujetti dans son établissement jouit donc de la licence de son prédécesseur, mais il doit faire une déclaration au bureau de la Régie, dont le timbre est dû.

Les débitants forains ne payent que le minimum de la licence de 1 fr. 50 cent.

Les cantiniers qui ne reçoivent que des militaires ne sont soumis qu'à la licence de 1 fr. 50 cent.

Le débitant, qui veut changer son débit de rue, doit en obtenir l'autorisation du Préfet et en faire ensuite la déclaration au bureau de la Régie; le timbre seul est dû.

Le débitant dont l'établissement est situé dans un hameau et qui veut le transporter au chef-lieu de la commune, est tenu de faire une nouvelle déclaration, après en avoir obtenu l'autorisation du Préfet, et de payer le complément de la licence s'il y a lieu.

LE TARIF DES LICENCES	PRIX non compris le décime.	
	par an.	par trimestre.
	fr. c.	fr. c.
Dans les communes au-dessous de 4,000 âmes, est de...............	6 »	1 50
Dans celles de 4,000 à 6,000 âmes..........................	8 »	2 »
— de 6,000 à 10,000 —	10 »	2 50
— de 10,000 à 15,000 —	12 »	5 »
— de 15,000 à 20,000 —	14 »	5 50
— de 20,000 à 50,000 —	16 »	4 »
— de 50,000 à 50,000 —	18 »	4 50
— de 50,000 âmes et au-dessus (Paris excepté)...............	20 »	5 »

Aussitôt que le débitant a pris sa licence, il doit faire connaitre sa qualité par une enseigne ou un bouchon.

L'amende pour contravention au droit de licence est de 300 francs en cas de fraude, elle est augmentée de quatre fois les droits fraudés

NOMENCLATURE DES BOISSONS, LIQUIDES ET FRUITS
soumis aux droits.

(Ordonnance du 24 août 1840.)

DÉNOMINATIONS PARTICULIÈRES.	CLASSES suivant lesquelles les droits doivent être perçus.
Absinthe (Extrait d'). . . . . Alkermès. . . . . Andaye (eau-de-vie). . . . . Anisette.	Comme liqueurs ou alcool.
Bières.	Ne sont soumises qu'au droit de fabrication.
Cidres et poirés	Soumis sans distinction de qualités ni de vases.
Crèmes.	Voyez liqueurs.
Demi-vin, petit cidre.	Comme vin et cidre.
Eaux de cerises. . . . . Eaux-de-vie et esprits.	Sont soumis aux droits sans distinction de qualités ; seulement suivant le degré des eaux-de-vie, et suivant qu'elles sont en cercles ou en bouteilles.
Eau de Cologne . . . . Eau de Lavande. . . . . Eau de Mélisse. . . . . Eau de la reine de Hongrie. . . . . Eaux de senteur. . . . . Eaux-de-vie et esprits altérés.	Ces eaux ne sont soumises à aucune formalité pour la circulation, mais elles payent le droit d'entrée.
Elixir de Garus	Comme liqueurs.
Esprits.	Voyez eaux-de-vie.
Liner.	Comme eaux-de-vie et esprits altérés.
Genièvre (eau-de-vie de).	Comme eaux-de-vie.
Huiles.	Soumises aux droits comme eaux de senteur, s'il n'y a aucun mélange de sucre, ou comme liqueurs si elles sont sucrées.
Hydromel.	Comme cidre.
Jus de citron	Voyez sirop de punch.
Kirschwasser. . . . . Kouetshwasser.	Comme eaux-de-vie.
Liqueurs	Soumises aux droits, sans distinction de qualités et de vases, excepté celles qui ne contiennent pas d'alcool.
Piquettes.	Comme vins.
Rack	Comme eaux-de-vie.
Ratafia.	Comme liqueurs.
Rhum.	Comme eaux-de-vie.
Sirops de punch.	Comme liqueurs.
Sirops	Ne sont soumis à aucun droit, s'il n'entre pas d'alcool dans leur composition.
Tafia	Comme eaux-de-vie.
Vendanges.	Trois hectolitres pour deux de vin, et cinq hectolitres de pommes ou de poires pour deux hectolitres de cidre.
Vernis	Voyez eaux-de-vie et esprits altérés. Sont soumis aux droits d'entrée lorsqu'ils sont entièrement confectionnés.
Vins.	Sont soumis aux droits sans distinction de qualités ni de vases.
Vins de liqueurs.	Comme vins ordinaires.

Le Vermout est assimilé aux vins de liqueurs. (Circ. 260 du 22 février 1855.)

DROIT DE CIRCULATION.

Aucune boisson sujette aux droits ne peut circuler sans expédition de la Régie.

Les voyageurs peuvent transporter trois bouteilles sans expédition, excepté lorsqu'il s'agit de spiritueux.

Les vins, cidres, poirés et hydromels sont soumis au droit de circulation. Les liquides spiritueux paient le droit de consommation. La taxe est due à chaque déplacement des boissons. (Art. 1er, loi du 28 avril 1816.)

Toute bouteille de contenance inférieure au demi-litre et toute bouteille d'une contenance exactement égale au demi-litre est comptée pour demi-litre.

Toute bouteille de contenance supérieure au demi-litre, mais inférieure au litre, et toute bouteille de contenance exactement égale au litre est comptée pour un litre.

Quand aux bouteilles d'une plus grande contenance, elles sont prises pour leur capacité réelle.

Pour les boissons spiritueuses expédiées en petites fioles, on détermine la quantité imposable en prenant pour base du calcul la capacité effective des fioles (circ. 361, du 22 mars 1856).

Les vins contenant plus de 21 centièmes d'alcool sont soumis aux mêmes droits de consommation, d'entrée et d'octroi que l'alcool pur ; ceux contenant de 18 à 21 centièmes d'alcool sont imposés comme vieux, et paient en outre les doubles droits de consommation, d'entrée et d'octroi pour la quantité d'alcool comprise entre 18 et 20 centièmes. (Décret du 17 mars 1852.)

Une seule expédition suffit pour plusieurs voitures qui circulent ensemble, lorsque tout le chargement est pour le même destinataire.

Pour la perception du droit de circulation, les départements ont été divisés en quatre classes pour les vins, et il est fixé, savoir : pour les départements

De 1re classe, à 60 centimes par hectolitre ;

De 2e classe, à 80 centimes par hectolitre ;

De 3e classe, à 1 franc par hectolitre ;

De 4e classe, à 1 franc 20 centimes par hectolitre.

Pour les cidres, poirés et hydromels, le droit est de 50 centimes, n'importe pour quel département.

Le décime est toujours dû en sus de ces droits. Aujourd'hui, c'est le double décime.

L'importance de la commune n'influe en rien sur le droit à percevoir sur les vins ; c'est le lieu de destination qui détermine ce droit et il n'y a que la classe du département à observer.

TABLEAU
indiquant la classe des départements pour le Droit de circulation et d'entrée, et Renseignements statistiques.

(La population est extraite du *Bulletin des lois* n° 469, du 18 février 1857.)

NOMS des DÉPARTEMENTS.	SUPERFICIE de chaque départem.	POPULATION de chaque départem.	CLASSES du droit de circulation et d'entrée.	DISTANCE en kilomèt. du chef-lieu à Paris.	NOMS DES CHEFS-LIEUX de département et d'arrondissem.	POPULATION agglomérée des chefs-lieux.	NOMBRE de cantons.	NOMBRE de communes.	POPULATION par arrondissement.
	hect.			416	Bourg.........	8,144	10	121	125,046
					Belley.........	5,802	9	118	85,656
Ain.........	584,822	370,919	2	.....	Gex.........	1,522	5	29	22,401
					Nantua.........	5,044	6	73	51,749
					Trévoux.........	1,744	7	111	90,597
				129	Laon.........	8,114	11	288	169.040
					Château-Thierry	4,182	5	124	61,556
Aisne	755,578	555,559	3	.....	Saint-Quentin..	26,128	7	127	154,088
					Soissons.........	7,656	6	167	70,755
					Vervins	2,285	8	131	120,102
				288	Moulins	15,675	9	84	100,215
					Gannat.........	5,655	5	67	68,059
Allier	742,272	552,241	2	.....	Montluçon......	12,774	6	91	105,514
					La Palisse......	1,717	6	75	80,475
				755	Digne.........	5,720	9	87	49,525
					Barcelonnette..	1,810	4	20	17,026
Alpes (Basses-)	690.919	149,670	1	.....	Castellane	1,525	6	48	23,126
					Forcalquier....	1,958	6	50	55,554
					Sisteron........	5,712	5	50	24,442
				1,665	Gap	5,455	14	126	66,420
Alpes (Hautes-)	555,569	129,556	2	.....	Briançon	1,596	5	27	50,840
					Embrun	2,544	5	56	52,296
				606	Privas	5,249	10	108	125,157
Ardèche......	550,004	383,855	2	.....	L'Argentière ...	2,755	10	106	114,019
					Tournon........	5,576	11	125	146,679
				238	Mézières........	3,795	7	99	74,008
					Rethel	7,164	6	108	68,221
Ardennes......	525,552	322,158	4	.....	Rocroi	1,122	5	69	50,874
					Sedan.........	15,024	5	81	68,297
					Vouziers........	2,747	8	121	60,738

NOMS des DÉPARTEMENTS.	SUPERFICIE de chaque départem¹.	POPULATION de chaque départem¹.	CLASSES du droit de circulation et d'entrée.	DISTANCE en kilomèt. du chef-lieu à Paris.	NOMS DES CHEFS-LIEUX de département et d'arrondissem¹.	POPULATION agglomérée des chefs-lieux.	NOMBRE de cantons.	NOMBRE de communes.	POPULATION par arrondissement.
	hect.								
ARIÉGE	478,401	251,318	1	752	Foix	5,600	8	159	84,755
					Pamiers	5,944	6	114	80,491
					Saint-Girons	5,188	6	85	86,034
AUBE	610,608	261,673	1	150	Troyes	30,966	9	120	96,170
					Arcis-sur-Aube	2,719	4	95	56,155
					Bar-sur-Aube	4,475	4	88	44,119
					Bar-sur-Seine	2,342	5	85	49,784
					Nogent-s-Seine	5,486	4	60	55,447
AUDE	651,677	282,835	1	763	Carcassonne	15,055	12	159	95,201
					Castelnaudary	7,905	5	74	52,965
					Limoux	6,179	8	150	60,808
					Narbonne	11,427	6	71	66,861
AVEYRON	882,171	395,890	1	677	Rodez	8,107	11	75	106,548
					Espalion	2,515	9	47	61,577
					Milhau	8,760	9	49	65,641
					Saint-Affrique	4,657	6	52	59,501
					Villefranche	8,515	7	59	100,025
BOUCHES-DU-RH.	601,960	473,365	1	813	Marseille	185,619	9	16	270,499
					Aix	17,053	10	58	114,773
					Arles	14,730	8	52	91,491
CALVADOS	556,095	478,597	4	224	Caen	52,676	9	180	155,126
					Bayeux	8,562	6	145	78,755
					Falaise	7,900	5	119	58,654
					Lisieux	12,651	6	124	65,741
					Pont-l'Évêque	4,688	5	115	54,862
					Vire	6,755	6	96	84,299
CANTAL	574,081	247,665	5	559	Aurillac	8,667	8	95	95,247
					Mauriac	2,065	6	57	62,145
					Murat	2,547	5	55	54,608
					Saint-Flour	4,570	6	74	55,667
CHARENTE	588,805	378,721	1	434	Angoulème	20,285	9	157	135,678
					Barbezieux	2,557	6	80	58,166
					Cognac	6,968	4	68	60,104
					Confolens	2,475	6	66	60,659
					Ruffec	2,816	4	82	57,114
CHARENTE-INF.	716,814	474,828	1	484	La Rochelle	14,157	7	56	81,896
					Jonzac	2,041	7	120	85,765
					Marennes	1,865	6	54	51,889
					Rochefort	19,594	5	41	67,956
					Saintes	8,499	8	109	107,609
					St-Jean-d'Angely	5,528	7	120	81,718
CHER	740,125	314,844	2	255	Bourges	19,454	10	100	125,875
					St Amand	7,094	11	114	111,815
					Sancerre	2,778	8	76	79,156
CORRÈZE	504,517	314,082	5	461	Tulle	7,451	12	118	155,005
					Brive	6,594	10	97	115,569
					Ussel	2,787	7	71	64,007
CORSE	874,741	240,185	»	875	Ajaccio	10,199	12	75	57,607
					Bastia	14,959	20	95	71,506
					Calvi	1,412	6	55	27,822
					Corte	4,672	15	112	57,245
					Sartène	2,605	8	43	50,005
CÔTE-D'OR	876,956	585,151	2	505	Dijon	28,557	14	267	147,677
					Beaune	9,700	10	201	121,108
					Chatillon	4,655	6	116	51,214
					Semur	5,597	6	145	65,152
CÔTES-DU-NORD	744,075	621,575	4	446	Saint-Brieuc	10,764	12	94	178,718
					Dinan	7,420	10	90	116,815
					Guingamp	6,424	10	74	122,745
					Lannion	6,243	7	65	114,191
					Loudéac	4,752	9	58	89,106

NOMS des DÉPARTEMENTS.	SUPERFICIE de chaque départent.	POPULATION de chaque départent.	CLASSE du droit de circulation et d'entrée.	DISTANCE en kilomèt. du chef-lieu à Paris.	NOMS DES CHEFS-LIEUX de département et d'arrondissement.	POPULATION agglomérée des chefs-lieux.	NOMBRE de cantons.	NOMBRE de communes.	POPULATION par arrondissement.
	hect.								
CREUSE	579,455	278,889	5	428	Guéret	5,594	7	75	96,040
					Aubusson	5,495	10	99	105 092
					Bourganeuf	2,568	4	41	41 381
					Boussac	976	4	46	58,576
DORDOGNE	915,000	504,651	1	472	Périgueux	12,726	9	115	111,425
					Bergerac	7,605	15	174	117,444
					Nontron	2,435	8	80	85 276
					Ribérac	1,655	7	84	75 482
					Sarlat	4,021	10	155	117,026
DOUBS	518,565	286,888	5	596	Besançon	50,249	8	203	107,696
					Baume	2,244	7	187	64,277
					Montbéliard	5,540	7	161	64,404
					Pontarlier	4,775	5	88	50,511
DRÔME	635,557	324,760	2	560	Valence	11,899	10	105	155,078
					Die	5,490	9	117	64,057
					Montélimar	7,825	6	69	69,941
					Nyons	2,729	4	74	55,704
EURE	591,261	404,665	5	104	Evreux	7,970	11	224	118,112
					Les Andelys	5,528	6	117	65,307
					Bernay	5,578	6	124	74,695
					Louviers	9,457	5	111	67 611
					Pont-Audemer	5,815	8	127	89,940
EURE-ET-LOIR	587,558	291,074	5	90	Chartres	16,497	8	166	111,957
					Châteaudun	5,659	5	80	64,980
					Dreux	5,542	7	127	69 523
					Nogent-le-Rotr.	5,603	4	54	44 814
FINISTÈRE	695,384	606,552	4	624	Quimper	9 896	9	62	119,567
					Brest	41,512	12	85	198,806
					Châteaulin	1,701	7	60	105 177
					Quimperlé	5,707	5	20	46,415
					Morlaix	11,730	10	58	138,589
GARD	599,725	419,697	1	702	Nîmes	47,215	11	75	152,595
					Alais	15,624	9	97	112,681
					Uzès	5,695	8	99	89,865
					Le Vigan	4,107	10	79	64,558
GARONNE (Hte-)	618,558	481,247	1	639	Toulouse	85,499	12	128	184,550
					Muret	2,550	10	126	93,205
					Saint-Gaudens	3,019	11	251	110,724
					Villefranche	2,504	6	95	62,680
GERS	627,829	504,497	1	745	Auch	7 942	6	85	60,988
					Condom	4,655	6	87	70,357
					Lectoure	2,879	5	72	50 048
					Lombez	1,015	4	71	40,787
					Mirande	2 778	8	151	82 307
GIRONDE	1,082,552	640.737	1	575	Bordeaux	137,558	18	156	520,512
					Bazas	2,411	7	69	55,658
					Blaye	5,589	4	56	58,470
					Lesparre	2,251	4	29	45,552
					Libourne	10,269	9	152	115,421
					La Réole	5,254	6	104	52 544
HÉRAULT	630,955	409,424	1	752	Montpellier	58,055	14	114	154,785
					Béziers	19,905	12	98	158,655
					Lodève	12 696	5	75	59,088
					Saint-Pons	5,510	5	45	47,896
ILLE-ET-VILAINE	672,585	580,898	4	546	Rennes	55 665	10	78	144,588
					Fougères	8,296	6	57	84,166
					Montfort	1,551	5	46	60,044
					Redon	5,294	7	46	80 546
					Saint-Malo	9,450	9	62	129,601
					Vitré,	7,017	6	61	82,353

NOMS des DÉPARTEMENTS.	SUPERFICIE de chaque départem.	POPULATION de chaque départem.	CLASSES du droit de circulation et d'entrée.	DISTANCE en kilomet. du chef-lieu à Paris.	NOMS DES CHEFS-LIEUX de département et d'arrondissemt.	POPULATION agglomérée des chefs-lieux.	NOMBRE de cantons.	NOMBRE de communes.	POPULATION par arrondissem.
	hect.								
INDRE	701,661	275,479	2	259	Châteauroux	12,462	8	82	105,454
					Le Blanc	4,455	6	56	60,146
					La Châtre	4,508	5	59	57,167
					Issoudun	10,603	4	49	51,012
INDRE-ET-LOIRE	611,679	318,442	2	242	Tours	32,700	11	126	164,647
					Chinon	4,929	7	87	89,600
					Loches	3,384	6	68	64,195
ISÈRE	841.230	576 637	2	568	Grenoble	23,299	20	211	214,646
					St-Marcellin	2,761	7	84	85,950
					La Tour-de-Pin	1,854	8	122	155,156
					Vienne	14,602	10	150	144,905
JURA	503,564	296,701	3	411	Lons-le-Saunier	8,250	11	212	101,957
					Dôle	7 759	9	158	72,185
					Poligny	5,0 5	7	152	72 288
					Saint-Claude	4,920	5	82	50,291
LANDES	903,057	309 832	1	702	Mont-de-Marsan	4,767	12	117	106,445
					Dax	5.801	8	108	115,794
					Saint-Sever	1 970	8	108	89,595
LOIR-ET-CHER	603 116	264,043	2	181	Blois	15,552	10	158	152,947
					Romorantin	7,412	6	48	51,650
					Vendôme	6,616	8	110	79,466
LOIRE	464,000	505,260	3	443	Montbrison	5,610	9	158	150 595
					Roanne	14,509	10	109	141,205
					Saint-E-tienne	78,648	9	70	255,662
LOIRE (HAUTE-)	495,784	300,994	3	503	Le Puy	14,250	14	115	155,788
					Brioude	4.671	8	106	81,448
					Yssengeaux	5,350	6	59	85,758
LOIRE-INFÉR.	706,285	555,996	2	589	Nantes	95 028	17	67	254,897
					Ancenis	5,544	5	27	49.012
					Châteaubriand	5,512	7	57	72 820
					Paimbœuf	4,065	5	25	48,150
					Savenay	1.575	11	52	151,417
LOIRET	676,512	345,115	2	125	Orléans	45.236	14	106	156 002
					Gien	5,697	5	49	50.602
					Montargis	7,281	7	95	77.151
					Pithiviers	4,259	5	98	61,360
LOT	398,406	295,733	1	558	Cahors	9,955	12	129	117,826
					Figeac	5,152	8	112	92,747
					Gourdon	2,605	9	74	85,160
LOT-ET-GARONN.	534,628	340,041	1	608	Agen	15,105	9	72	84 185
					Marmande	5,251	9	97	100,491
					Nérac	5 870	7	62	60,578
					Villeneuve-s-Lot	6,615	10	84	94 787
LOZÈRE	514,795	140.819	3	566	Mende	5,589	7	65	48,590
					Florac	1,920	7	52	59,975
					Marvejols	4,516	10	78	52,456
MAINE-ET-LOIRE	722,150	524,387	2	500	Angers	41,105	9	89	159,422
					Baugé	5,189	6	65	79,072
					Beaupréau	2,377	7	77	125,699
					Saumur	11,674	7	85	97.657
					Segré	1,848	5	61	62 557
MANCHE	577,178	595,202	4	326	St-Lô	8 654	9	117	95,112
					Avranches	8,026	9	124	117,480
					Cherbourg	26,554	5	75	95,155
					Coutances	7,095	10	158	125,696
					Mortain	1,741	8	75	73,829
					Valognes	4,804	7	118	86,952

NOMS des DÉPARTEMENTS.	SUPERFICIE de chaque départent.	POPULATION de chaque départent.	CLASSES du droit de circulation et d'entrée.	DISTANCE en kilomèt. du chef-lieu à Paris.	NOMS DES CHEFS-LIEUX de départements et d'arrondissent.	POPULATION agglomérée des chefs-lieux.	NOMBRE de cantons.	NOMBRE de communes.	POPULATION par arrondissement.
	hect.								
				164	Châlons	14 009	5	107	52,577
					Épernay	8,950	9	177	92 590
MARNE	820 275	372,030	2		Reims	47,601	10	184	142,010
					Ste-Menehould	5,048	5	80	54,222
					Vitry	6,985	5	124	50,851
				247	Chaumont	5,911	10	195	85,990
MARNE (HAUTE-)	625,465	236,542	2		Langres	7,848	10	210	99 925
					Vassy	2,451	8	145	70,591
				281	Laval	17 975	9	92	152,722
MAYENNE	514,863	575,841	4		Château-Gontier	6,655	6	72	78 098
					Mayenne	8,205	12	110	165,021
				334	Nancy	41,826	8	187	146,601
					Château-Salins	2,209	5	147	65,050
MEURTHE	645,500	424,375	2		Lunéville	41,869	6	145	83,614
					Sarrebourg	2,549	5	116	69 012
					Toul	6,404	5	119	62,006
				251	Bar-le-Duc	13,534	8	128	80,015
MEUSE	610,551	305.727	2		Commercy	5,450	7	179	82,181
					Montmédy	1,641	6	131	65,600
					Verdun	9,705	7	149	79,924
				500	Vannes	10 595	11	75	130,681
MORBIHAN	681,704	475,952	5		Lorient	22,408	11	49	151,214
					Ploërmel	2,466	8	61	89,968
					Napoléonville	4,944	7	49	102,069
				508	Metz	44,176	9	225	175,455
MOSELLE	610,000	451,152	2		Briey	1,858	5	151	64,082
					Sarreguemines	4,811	8	155	122,942
					Thionville	4,775	5	119	90,665
				236	Nevers	15 450	8	99	111,612
NIÈVRE	686,619	523,086	2		Château-Chinon	2,715	5	60	67,225
					Clamecy	4,692	6	95	72,977
					Cosne	4,965	6	65	74,272
				236	Lille	71,286	16	153	404,279
					Avesnes	2,825	10	155	150,525
					Cambrai	18,083	7	118	179,865
NORD	567,865	1.212,555	4		Douai	17,445	6	66	106,155
					Dunkerque	26,152	7	59	105,717
					Hazebrouck	5,220	7	55	102,734
					Valenciennes	18,408	7	81	163,082
				88	Beauvais	12,567	12	242	128,721
OISE	581.424	596,085	3		Clermont	5,260	8	168	81,415
					Compiègne	8,767	8	157	95,002
					Senlis	5,165	7	155	82,949
				191	Alençon	15,520	6	91	72,492
ORNE	689,266	459,127	4		Argentan	5,006	11	176	102 074
					Domfront	2 165	8	96	157,592
					Mortagne	4,216	11	149	118-169
				193	Arras	21,984	10	211	169,123
					Béthune	7,275	8	142	159,844
PAS-DE-CALAIS.	660,090	712,846	4		Boulogne	52,742	6	101	158,557
					Montreuil	5,576	6	159	75,770
					Saint-Omer	19,193	7	118	109,624
					Saint-Pol	5,168	6	192	79,928
				384	Clermont-Ferr	30,025	14	109	177,854
					Amberi	5,594	8	52	86,210
PUY-DE-DÔME	800,679	590,062	2		Issoire	5,756	9	115	97,670
					Riom	8 750	15	128	152,525
					Thiers	9,975	6	59	76,025

NOMS des DÉPARTEMENTS.	SUPERFICIE de chaque départemt.	POPULATION de chaque départemt.	CLASSES du droit de circulation et d'entrée.	DISTANCE en kilomèt. du chef-lieu à Paris.	NOMS DES CHEFS-LIEUX de département et d'arrondissemt.	POPULATION agglomérée des chefs-lieux.	NOMBRE de cantons.	NOMBRE de communes.	POPULATION par arrondissemt.
	hect.								
Pyrénées (B.-).	752 513	436,442	1	781	Pau	16,282	11	185	127,771
					Bayonne	14,051	8	32	86,099
					Mauléon	1,220	6	168	69,071
					Oloron	4,936	8	80	75,675
					Orthez	4,788	7	155	78,929
Pyrénées (H.-).	464,551	245,856	1	815	Tarbes	15,066	11	194	111,997
					Argelès	1,660	5	91	41,682
					Bagnères-de-Big.	6,659	10	195	92,177
Pyrénées-Or..	411,576	185,056	1	888	Perpignan	18,095	7	85	90,099
					Céret	2,860	4	42	42,181
					Prades	2,824	6	101	50,776
Rhin (Bas-)...	464,780	565,855	5	164	Strasbourg	54,187	12	161	242,145
					Saverne	5,022	7	164	102,119
					Schélestadt	8,664	8	114	156,390
					Wissembourg	4,551	6	104	85,201
Rhin (Haut-)..	583,257	409,442	5	481	Colmar	17,575	15	140	208,829
					Altkirch	5,027	7	159	160,588
					Belfort	5,285	9	191	150,025
Rhône	270,423	625,991	5	466	Lyon	249,200	18	150	460,054
					Villefranche	11,041	9	128	165,957
Saône (Haute-).	515,000	312 397	5	354	Vesoul	5,811	10	215	102,228
					Gray	6,188	8	165	81,501
					Lure	5,159	10	205	128,868
Saône-et-Loire	855,238	575,018	5	399	Mâcon	14,160	9	131	120,297
					Autun	9,548	8	85	104,595
					Châlon-sur-Saôn.	18,656	10	152	134,480
					Charolles	2,905	15	156	129,911
					Louhans	5,281	8	81	85,755
Sarthe	620,592	467,193	5	211	Le Mans	27,845	10	114	175,458
					La Flèche	5,917	7	76	101,127
					Mamers	5,604	10	145	125,758
					Saint-Calais	2,977	6	56	66,850
Seine	47,500	1,727,419	5	»	Paris	1,130,488	12	1	1,174,548
					Saint-Denis	14,155	4	57	556,054
					Sceaux	2,025	4	45	197,059
Seine-Infér...	605,455	769,450	4	136	Rouen	94,645	15	157	265,602
					Dieppe	17,807	8	168	112,769
					Le Havre	61,205	9	121	175,014
					Neufchâtel	5,508	8	145	81,359
					Yvetot	7,794	10	169	134,726
Seine-et-Marne	590,932	541,582	5	40	Melun	7,007	6	97	62,164
					Coulommiers	5,180	4	77	55,876
					Fontainebleau	8,206	7	100	78,167
					Meaux	8,073	7	154	91,515
					Provins	5,789	5	99	55,660
Seine-et-Oise.	560,337	484,179	5	21	Versailles	29,169	10	114	162,449
					Corbeil	4,866	4	93	61,557
					Etampes	7,651	4	69	40,749
					Mantes	4,856	5	127	57,328
					Pontoise	4,975	7	162	95,256
					Rambouillet	3,022	6	119	66,840
Sèvres (Deux-).	607,550	527,846	2	416	Niort	17,525	10	95	108,160
					Bressuire	2,170	6	91	71,192
					Melle	2,455	7	92	77,584
					Parthenay	4,059	8	79	71,110
Somme	604,456	566,619	4	128	Amiens	47,494	15	249	191,415
					Abbeville	17,964	11	171	137,596
					Doullens	2,912	4	89	59,447
					Montdidier	3,825	5	144	68,124
					Péronne	5,940	8	179	110,059

NOMS des DÉPARTEMENTS.	SUPERFICIE de chaque départem.	POPULATION de chaque départem.	CLASSES du droit de circulation et d'entrée.	DISTANCE en kilomèt. du chef-lieu à Paris.	NOMS DES CHEFS-LIEUX de département et d'arrondissem!.	POPULATION agglomérée des chefs-lieux.	NOMBRE de cantons.	NOMBRE de communes.	POPULATION par arrondissement.
	hect.								
Tarn.........	576,821	554,852	1	677	Albi............	10,580	8	92	92.046
				.....	Castres.........	14,144	14	92	150,100
					Gaillac	5,505	8	75	70,626
					Lavaur.........	4,500	5	57	55,060
Tarn-et-Gar..	571,716	254,782	1	655	Montauban......	16,492	11	65	105,169
				.....	Castel-Sarrazin.	5,612	7	81	70,215
					Moissac.........	5,946	6	49	59,398
Var.........	729,628	571,820	1	899	Draguignan	8,287	11	60	86,919
				.....	Brignolles......	4,626	8	54	67,432
					Grasse	7,292	8	60	66,422
					Toulon	41.748	8	29	151,047
Vaucluse	555,429	268,994	1	707	Avignon........	26,312	5	20	81.037
				.....	Apt	4 314	5	50	56,025
					Carpentras.....	8,332	5	51	56,672
					Orange	6,264	7	48	75,260
Vendée.......	680.775	589,685	2	447	Napol.-Vendée..	5,867	10	104	144,591
				.....	Fontenay......	6,170	9	111	134,567
					Les Sables d'Ol.	5,870	11	82	110,725
Vienne........	689.085	322,585	2	545	Poitiers	24,725	10	85	115,418
				.....	Châtellerault ...	11,815	6	51	60,566
					Civray	2.115	5	45	49,877
					Loudun.........	3,987	4	57	55,000
					Montmorillon...	3,789	6	60	62,724
Vienne (Haute-)	561,597	319.787	3	382	Limoges........	57,502	10	78	142,269
				.....	Bellac.........	2,930	8	65	83,078
					Rochechouart...	1,642	5	50	50,483
					St-Yrieix.	5,448	4	26	43.957
Vosges	587.955	405,708	3	581	Épinal	9,401	6	126	94,558
				.....	Mirecourt......	4,857	6	142	67,973
					Neufchâteau....	5,509	5	132	59,058
					Remiremont....	4,451	4	37	70,556
					Saint-Dié......	6,730	9	109	112,003
Yonne........	758.906	568,901	2	168	Auxerre	12,064	12	131	117,896
				.....	Avallon	4,692	5	71	44,959
					Joigny.........	5,255	9	108	97,267
					Sens	9,856	6	90	65,689
					Tonnerre	5,925	5	82	45,090

Les débitants ne doivent recevoir, dans leur débit, aucune boisson soumise aux droits, si elle n'est accompagnée d'un acquit-à-caution.

Cet acquit, dont le coût est de 25 centimes, est délivré par le receveur buraliste du lieu d'enlèvement sur la soumission de l'expéditeur et de sa caution, pour garantir les droits.

Les débitants sont tenus de remettre cette expédition aux employés à leur première visite, pour en obtenir la décharge. Le timbre de 10 centimes n'est pas dû, si le débitant ne retire pas le certificat constatant la décharge de l'acquit.

Le défaut, par les débitants, de remettre aux employés les acquits-à-caution qui ont accompagné les boissons qui alimentent leur débit, fait frapper de six fois le droit de circulation les quantités portées sur ces acquits, s'il s'agit de vins, cidres, poirés et hydromels, et de deux fois le droit de consommation s'il s'agit d'alcool ou de liqueurs.

Le débitant qui soustrairait les boissons dans un but de fraude ou seulement pour cacher son oubli, n'en serait pas moins obligé de payer ces droits, parce que l'expéditeur ou sa caution étant forcé de les acquitter, serait en droit d'obtenir son recours contre lui, qui seul doit être responsable de ses tentatives de fraude ou de son oubli.

Lorsqu'un acquit a été perdu, le seul parti à prendre est de faire venir un duplicata de l'acquit, du bureau où il a été délivré. Ce duplicata, dans aucun cas, ne peut tenir lieu de l'acquit en cours de transport; il doit être fait sur une feuille de 35 centimes. Si le lieu où réside le débitant est une ville sujette au droit d'entrée, et que ce droit ait été acquitté, les employés peuvent prendre en charge la quantité portée sur l'acquit en cherchant les renseignements nécessaires sur les relevés de la .feuille F, et décharger l'acquit comme si c'était eux qui l'aient perdu. Cependant ils ne sont pas obligés d'opérer ainsi, s'ils le font quelquefois, c'est par complaisance et pour éviter au débitant les frais d'un procès-verbal.

S'il était adressé, par erreur, des alcools ou liqueurs à un débitant avec un congé, il pourrait former, près de l'administration, une demande en restitution des droits, ou bien laisser exercer ses alcools par les employés pour mémoire.

Quand un buraliste a délivré par erreur un congé à un débitant pour des vins, cidres, poirés et hydromels, celui-ci peut former une demande en restitution. Si l'indication de simple particulier a été donnée par le débitant, les droits de circulation sont acquis au trésor et les boissons sont assujetties au droit de détail.

Dans certaines contrées il est dans l'usage de compter les fûts pour une contenance, que souvent ils n'ont réellement pas. Des buralistes croient devoir refuser les déclarations au-dessous de ces contenances, tandis qu'ils sont obligés de recevoir les déclarations telles qu'elles leur sont faites, lors même qu'ils seraient sûrs qu'elles sont inexactes, sauf à eux de s'adjoindre un employé pour reconnaître les liquides et de verbaliser en cas de fausse déclaration. Dans un lieu sujet à l'octroi, le buraliste peut verbaliser seul.

Voici un tableau, extrait de la circulaire 361, du 22 mars 1856, indiquant le genre d'expéditions à réclamer au bureau de la régie pour les

2

ventes en gros, que les débitants peuvent être autorisés à faire accidentellement.

EAUX-DE-VIE.

EXPÉDITEURS.	LIEUX DE DESTINATION.	DESTINATAIRES.	QUANTITÉS EXPÉDIÉES.	EXPÉDITIONS A RÉCLAMER.
DÉBITANT ORDINAIRE OU LIQUORISTE DÉBITANT.	Paris et toute ville rédimée...... Entrepôt public, étranger, ou colonies françaises	Quel que soit le destinataire............	Quelle que soit la quantité.	Acquit-à-caution
	Étape, foire, marché ou assemblée	L'expéditeur lui-même.. Dans la recette....	Idem........	Idem.
		Hors la recette....	Idem........	Idem.
		Débitant forain (autre que l'expéditeur)........	Idem........	Idem.
	Toute autre destination.........	L'expéditeur lui-même.. Dans la recette....	Idem........	Idem.
		Hors la recette.....	Idem........	Idem.
		Marchand en gros, distillateur ou bouilleur de profession........	Idem........	Idem.
		Débitant.... Exercé.... / Rédimé....	Idem........	Idem.
		Simple consommateur...	100 litres et au-dessus en cercles : quelle que soit la quantité en bouteilles	Acquit-à-caution ou congé 4 B.
			Au-dessous de 100 litres en cercles et autres vaisseaux..............	Passavant 5 B.
DÉBITANT RÉDIMÉ.	Paris ou toute ville rédimée....... Entrepôt public, étranger, ou colonies françaises.	Quel que soit le destinataire............	Quelle que soit la quantité.	Acquit-à-caution
	Étape, foire, marché ou assemblée	L'expéditeur lui-même...	Idem........	Idem.
		Débitant forain (autre que l'expéditeur)........	Idem........	Idem.
	Toute autre destination.........	L'expéditeur lui-même...	Idem........	Idem.
		Marchand en gros, distillateur ou bouilleur de profession...........	Idem........	Idem.
		Débitant.... Exercé.... / Rédimé....	Idem........ / Idem........	Idem. / Idem.
		Simple consommateur...	Idem........	Acquit ou congé.

VINS, CIDRES, POIRÉS ET HYDROMELS.

EXPÉDITEURS.	LIEUX DE DESTINATION.	DESTINATAIRES.	QUANTITÉS EXPÉDIÉES.	EXPÉDITIONS A RÉCLAMER.
DÉBITANT ORDINAIRE.	Paris..........	Quel que soit le destinataire..............	Quelle que soit la quantité.	Acquit-à-caution.
	Toute ville rédimée	Entrepositaire.........	Idem........	Idem.
		Tout autre destinataire..	Idem........	Congé no 1er.
	Entrepôt public, étranger, ou colonies françaises	Quel que soit le destinataire..............	Idem........	Acquit-à-caution.
	Etape, foire, marché ou assemblée	L'expéditeur lui-même.. { Dans la recette.... Hors la recette.... }	Quelle que soit la quantité tant en cercles qu'en bouteilles...........	Idem.
		Débitant forain (autre que l'expéditeur).........	100 litres et au-dessus en cercles ; 25 litres et au-dessus en bouteilles...	Idem.
			Au-dessous de 25 litres en bouteilles........	Passavant 5 B.
	Toute autre destination........	L'expéditeur lui-même.. { Dans la recette.... Hors la recette.... }	Quelle que soit la quantité.	Acquit-à-caution.
		Marchand en gros, bouilleur, commissionnaire, etc.	Idem........	Idem.
		Débitant.... { Exercé.... Abonné.... }	100 litres et au-dessus en cercles ; 25 litres et au-dessus en bouteilles...	Idem.
		Marchand ambulant colporteur.............	Quelle que soit la quantité.	Congé no 5.
		Simple consommateur ...	100 litres et au-dessus en cercles ; 25 litres et au-dessus en bouteilles...	Congé no 1er.
			Au-dessous de 100 litres en cercles et de 25 litres en bouteilles........	Passavant 5 B.
DÉBITANT ABONNÉ individuellement ou collectivement.	Paris..........	Quel que soit le destinataire.............	Quelle que soit la quantité.	Acquit-à-caution.
	Toute ville rédimée	Entrepositaire.........	Idem........	Idem.
		Tout autre destinataire..	Idem........	Congé no 1er.
	Entrepôt public, étranger, ou colonies françaises	Quel que soit le destinataire.............	Idem........	Acquit-à-caution.
	Etape, foire, marché ou assemblée	L'expéditeur lui-même...	Idem........	Idem.
		Débitant forain (autre que l'expéditeur).........	100 litres et au-dessus en cercles ; 25 litres en bouteilles...........	Idem.

EXPÉDI-TEURS.	LIEUX DE DESTINATION.	DESTINATAIRES.		QUANTITÉS EXPÉDIÉES.	EXPÉDITIONS A RÉCLAMER.
Débitant abonné individuellement ou collectivement.	Toute autre destination........	L'expéditeur lui-même...		Quelle que soit la quantité.	Acquit-à-caution
		Marchand en gros, bouilleur, commissionnaire, etc..............		Idem.........	Idem.
		Débitant....	Exercé....	100 litres et au-dessus en cercles; 25 et au-dessus en bouteilles.........	Idem.
			Abonné....	Quelle que soit la quantité.	Idem.
		Marchand ambulant, colporteur...........		Idem.........	Congé no 5.
		Simple consommateur...		100 litres et au-dessus en cercles; 25 litres et au-dessus en bouteilles...	Congé no 1er.
				Au-dessous de 100 litres en cercles et de 25 litres en bouteilles.........	Passavant 3 B.

Les quantités expédiées par un débitant à un simple consommateur au-dessous de 100 litres en cercles et 25 litres en bouteilles, payent le droit de détail.

Les quantités expédiées par un marchand en gros ou un propriétaire récoltant à un simple consommateur, au-dessous de 25 litres, tant en cercles qu'en bouteilles, payent le droit de détail, d'après le prix moyen.

TRANSIT.

Le conducteur d'un chargement dont le transport est suspendu est tenu d'en faire la déclaration au bureau de la régie dans les vingt-quatre heures, et avant le déchargement des boissons. (Art. 14, loi du 28 avril 1816.)

Le délai accordé pour le transport est prolongé de tout le temps pendant lequel le transport a été interrompu. (Art. 13 de la même loi.)

Dans le cours du transport, les conducteurs des chargements font souvent halte, soit de jour, soit de nuit; ces interruptions, lorsqu'elles ne durent pas vingt-quatre heures, n'obligent point à la déclaration de transit.

Le simple stationnement peut avoir lieu dans les cours ouvertes, et même dans les cours fermées des auberges, où les employés ont accès. Lorsque le séjour se prolonge au delà de vingt-quatre heures, la déclaration de transit est obligatoire, soit qu'il y ait déchargement, soit qu'il y ait simple stationnement.

Si le transport est interrompu la veille d'un jour férié, la déclaration de transit peut n'être faite que le lendemain de ce jour férié; mais elle doit avoir lieu dans la matinée. Sauf ce cas, la déclaration de transit n'est pas acceptée, s'il y a preuve acquise que l'interruption du transport remonte à plus de vingt-quatre heures.

Les boissons amenées sur un champ de foire pour être vendues en détail ne donnent lieu à une déclaration de transit que si, après la foire, elles ne sont pas immédiatement réexpédiées à une autre destination.

Une déclaration de transit est également nécessaire relativement aux boissons dont le transport est interrompu par suite d'accident.

Pour qu'une déclaration de transit soit admissible, il faut que les délais primitifs énoncés aux expéditions et les extensions de délai résultant des précédents séjours en transit ne soient pas expirés.

Lorsque le destinataire désigné refuse de recevoir les boissons, la déclaration de transit est admissible.

Le déclarant qui, au lieu de renoncer à un enlèvement projeté, ne fait qu'ajourner cet enlèvement, doit reporter les expéditions au bureau avant l'heure fixée pour le départ.

Les boissons donnant lieu à une déclaration de transit peuvent être déposées chez les simples particuliers, chez les commissionnaires, chez les assujettis aux exercices, chez les marchands en gros et débitants exercés ou abonnés. Néanmoins, le dépôt des boissons ne peut avoir lieu chez le destinataire désigné aux expéditions.

Les boissons en transit doivent être emmagasinées de telle sorte qu'elles demeurent séparées de toutes autres boissons en la possession du dépositaire.

Pendant le transit, les boissons doivent rester dans l'état où elles étaient lors de leur arrivée.

Sont seules autorisées, sous la condition qu'elles auront lieu en présence des employés, les opérations nécessaires à la conservation des boissons.

Les transitaires sont obligés de faire constater, sans retard, par les employés, et à défaut, par l'autorité locale, les accidents de force majeure.

Les boissons en transit doivent être représentées aux employés à toute réquisition. (Art. 14, loi du 28 avril 1816.)

La durée des transits est indéfinie. Il n'y a d'exception que pour les boissons déposées chez les entrepreneurs de roulage ou de messagerie, qui doivent être vendues à la diligence de la Régie de l'enregistrement et des domaines, lorsqu'elles n'ont pas été réclamées dans le délai de six mois, à compter du jour de l'arrivée.

DROIT DE CONSOMMATION.

Le droit de consommation est le droit qui est perçu sur les liquides spiritueux. Il est de 50 francs les 100 litres d'alcool pur. Le décime ou le double décime est en sus (1).

DROIT D'ENTRÉE.

Le droit d'entrée se perçoit à l'entrée des lieux sujets ou au bureau central. Dans le premier cas, la déclaration doit être faite avant l'introduction en ville ; dans le second, avant l'introduction au domicile du destinataire. (Art. 24 et 25, loi du 28 avril 1816.)

Il est dû sur toutes les boissons sujettes au droit de détail, même sur les vendanges et fruits. (Art. 23, idem.)

Les débitants établis sur la commune le doivent indistinctement.

L'introduction ne peut avoir lieu que de jour. (Art. 26, idem.)

Le droit d'entrée est proportionné à la population de la commune, et, de plus, pour les vins, les départements ont été divisés en quatre classes.

Voir le tableau page 10.

---

(1) Dans le département de la Seine il est perçu, outre le droit de consommation, un droit de banlieue, qui est de 23 fr. 50 c. par hectolitre d'alcool pur.

TARIF DU DROIT D'ENTRÉE.

POPULATION DES COMMUNES SUJETTES AUX DROITS D'ENTRÉE.	TAXE PAR HECTOLITRE EN PRINCIPAL.				Cidres, poirés, hydro-mels.	Alcool.
	VINS EN CERCLES, EN BOUTEILLES dans les départements de					
	1re classe.	2e classe.	5e classe.	4º classe.		
	fr. c.	fr. c.	fr. c.	fr. c.	fr. c.	fr. c.
Dans les communes de 4,000 à 6,000 âmes.	» 30	» 40	» 50	» 60	» 25	4 »
6,000 à 10,000 —	» 45	» 60	» 75	» 90	» 40	6 »
10,000 à 15,090 —	» 60	» 80	1 »	1 20	» 50	8 »
15,000 à 20,000 —	» 75	1 »	1 25	1 50	» 65	10 »
20,000 à 30,000 —	» 90	1 20	1 50	1 80	» 75	12 »
30,000 à 50.000 —	1 05	1 40	1 75	2 10	» 90	14 »
50,000 et au-dessus.	1 20	1 60	2 »	2 40	1 »	16 »
Remplacement aux entrées de Paris....	8 fr. »				4 »	66 »

Le décime ou le double décime est toujours dû en sus de ces droits.

Les débitants doivent conserver leurs quittances d'entrée pour les représenter aux employés.

TAXE UNIQUE.

La taxe unique, dans les villes qui l'ont adoptée, remplace les droits d'entrée et de détail sur les vins, cidres, poirés et hydromels; elle se perçoit aux entrées, et a pour effet de supprimer les exercices chez les débitants.

TARIF POUR PARIS.

Pour l'heure de l'ouverture des bureaux d'entrée, voir § 4, p. 67.	REVENANT AU TRÉSOR.			OCTROI.			TOTAL A PAYER par hectolitre
	PRINCIPAL.	DÉCIMES.	TOTAL.	PRINCIPAL	DÉCIMES.	TOTAL.	
	fr. c.	fr. c.	fr. c.	fr. c.	fr. c.	fr. c.	fr. c.
Alcool et liqueurs	66 00	6 60 / 6 60	79 20	25 50	2 35 / 2 35	28 20	107 40
Vins en cercles.......	8 00	» 80 / » 80	9 60	10 00	1 00	11 00	20 60
Vins en bouteilles.....	8 00	» 80 / » 80	9 60	17 00	1 70 / 1 70	20 40	50 00
Cidres, poirés et hydro-mels.............	4 00	» 40 / » 40	4 80	3 80	» 38 / » 38	4 56	9 36
Bière	»	»	»	5 80	» 38 / » 38	4 56	4 56

Les bouteilles sont comptées comme litres. L'eau-de-vie en bouteilles paye comme liqueur ou alcool pur.

DROIT DE DÉTAIL.

Le droit de détail est dû à la fin du trimestre ou à la cessation du commerce d'un débitant ; il est même exigible au fur et à mesure de la vente sur les pièces entièrement débitées, ou lorsque les boissons ont été mises en vente dans les foires, marchés ou assemblées. (Art. 65, loi du 28 avril 1816.)

Il se paye d'après le prix de vente sur les vins, cidres, poirés et hydromels (Art. 47, idem), à raison de 15 p. 0/0.

La Régie accorde une déduction de 3 p. 0/0 sur le montant des droits pour le coulage et la consommation de la maison ; il est ajouté le décime sur le reste. Aujourd'hui, c'est le double décime (1).

L'alcool est imposé d'après son degré. (Art. 1er, loi du 24 juin 1824.) Le droit de détail est le même que celui de consommation, c'est-à-dire 50 francs par hectolitre d'alcool pur ; la seule différence qu'il y a entre ces deux droits, c'est que le débitant qui laisse exercer les boissons spiritueuses jouit de la déduction de 3 p. 0/0, comme pour les vins, tandis que le droit de consommation ne l'accorde pas.

Les quittances délivrées par les receveurs sont détachées d'un registre à souche et portent le timbre de la Régie ; il est dû 10 centimes pour ce timbre.

Les boissons qui restent au débitant au moment de la déclaration de cesser sont imposables, savoir : l'alcool, au droit général de consommation, 50 francs l'hectolitre, plus le double décime et sans déduction ; les vins, cidres, poirés et hydromels, au droit de circulation, qui varie selon les classes des départements, si les quantités sont au moins d'un hectolitre en cercles, et de 25 litres en bouteilles ; au droit de détail, d'après le prix moyen, s'ils n'atteignent pas ces quantités. (Circ. 75, du 30 janvier 1834.)

Le débitant qui, après avoir déclaré cesser son débit et avoir payé le droit de consommation sur les alcools lui restant, reprend son débit, doit payer de nouveau le droit de détail sur ces mêmes alcools. (Arrêt du 25 novembre 1818.)

---

(1) La bière paye un droit de fabrication de 2 fr. 40 c. par hectolitre de bière forte et de 60 c. par hectolitre de petite bière.

EXERCICES.

Tout débitant de boissons, de quelque espèce que ce soit, est sujet aux visites et exercices des employés. (Art. 52, de la loi du 28 avril 1816.)

Les employés n'ont qualité pour se présenter chez les débitants qu'autant qu'ils sont porteurs de leur commission; les débitants peuvent en demander l'exhibition.

A chaque exercice, les débitants doivent représenter aux employés, et cela instantanément, les expéditions de la Régie qui ont accompagné les boissons nouvellement introduites dans leur débit.

Lorsque le débit est situé dans un lieu sujet aux droits d'entrée et d'octroi, ils sont également tenus de représenter la quittance de ces droits.

Dans les lieux soumis seulement au droit d'octroi, on ne peut exiger la représentation des quittances.

La représentation tardive des expéditions ne peut justifier la contravention.

Au premier exercice, le débitant n'est pas obligé de dire l'origine des boissons qu'il déclare; mais il doit déclarer toutes les boissons qu'il possède chez lui ou ailleurs.

Un débitant peut avoir plusieurs caves, mais il doit les déclarer à la Régie.

Les débitants sont tenus d'accompagner ou de faire accompagner immédiatement les employés dans leurs exercices.

Les visites peuvent être faites pendant tout le temps que les débits sont ouverts au public.

Un débitant, sous quelque prétexte que ce soit, ne peut se refuser aux visites des employés; en cas d'absence, il doit charger quelqu'un de le représenter et de les accompagner.

Le débitant est responsable des refus apportés par sa femme ou par tout autre personne qui le remplace.

Lorsque le débit a lieu dans un endroit séparé et distinct de l'habitation du débitant, les employés ont le droit d'exercer non-seulement le débit, mais encore la maison d'habitation.

Les recherches dans le domicile du débitant sont faites sans l'assistance d'un officier de police, lorsqu'elles sont dirigées par un employé supérieur du grade de contrôleur au moins, ou lorsqu'un employé de ce grade les a autorisées par un ordre écrit, spécial et nominatif.

Les débitants ne peuvent se refuser d'ouvrir les meubles, chambres et dépendances de leur habitation.

Les boissons trouvées dans une partie de leur habitation qu'ils prétendent avoir louée à un tiers, sont considérées comme leur appartenant et les constituent en contravention, s'ils ne représentent un bail authentique.

Un bail n'est authentique que lorsqu'il est passé par-devant notaire et enregistré ; il n'est valable que pendant le temps pour lequel il est fait. Ils doivent le représenter à toute réquisition des employés.

Toutes communications avec les voisins doivent être scellées ; s'il y a impossibilité, les voisins peuvent être soumis aux exercices sur l'autorisation du préfet.

La clef d'un local trouvée chez un débitant fait présumer que les boissons découvertes lui appartiennent.

Quand les employés éprouvent des voies de fait, des injures ou des qualifications outrageantes, il est de leur devoir de verbaliser.

Un débitant n'est pas en contravention lorsqu'un consommateur profère des injures contre les employés en exercice ; seulement, il doit intervenir pour faire cesser ces injures.

JAUGEAGE.

Les employés jaugent et marquent les futailles, dégustent les boissons et pèsent les liquides spiritueux.

Les employés sont autorisés à se servir, pour l'opération du jaugeage, de tous les modes de jaugeage connus. (Arrêt du 4 novembre 1809.)

Jauge en fer ou en bois (1).

Ils font ordinairement usage d'une jauge formée de trois petites barres

---

(1) L'auteur de cet ouvrage est breveté pour une jauge en bois, dont les branches sont garnies de ressorts qui les maintiennent ouvertes. Les divisions sont exactement semblables à celles de la jauge en fer.

de fer carrées qui se vissent. Sur une des faces de cette jauge, de 124 centimètres, figure un mètre; sur la face opposée est une échelle dont les divisions vont toujours en décroissant, depuis le nᵒ 1ᵉʳ, qui est vers le bas de la verge, jusqu'au nᵒ 100 qui est vers la partie supérieure.

On introduit la règle diagonalement par la bonde jusqu'à ce qu'on rencontre le fond dans sa partie la plus basse, afin d'obtenir, au-dessous du bois, la plus grande distance oblique de ce fond au centre de la bonde. Dans la crainte que la bonde ne soit pas placée bien au milieu, il faut jauger des deux côtés et prendre la moyenne (ou la moitié des deux résultats). La jauge porte une échelle de 100 degrés chiffrés de 5 en 5 ; chaque degré vaut un décalitre, 10 valent 100 litres, 100 valent 1,000 litres.

Jauge à ruban.

Les employés se servent quelquefois d'une jauge à ruban, d'une grande simplicité. Elle est graduée de litre en litre jusqu'à 100 litres ; de 5 en 5 litres jusqu'à 5 hectolitres ; de 10 en 10 litres jusqu'à 15 hectolitres ; de 25 en 25 litres jusqu'à 20 hectolitres.

Voici la manière de s'en servir :

En supposant que l'on ait à opérer sur un fût d'un mètre de longueur (jables compris) et de 60 centimètres de fond, on appliquerait la ligne indiquée comme point de départ de la jauge, à l'un des bouts du fût, et, en la développant jusqu'à l'autre extrémité de la douve, on arrivera à la division 2 25 de la jauge. On prend juste à la moitié du point de départ à la division 2 25, qui est à peu près à la division 2 7 1/2 (50 centimètres) de ce point, que l'on placera à la partie supérieure du fond, sous le jable; on descendra la jauge jusqu'à la partie inférieure, toujours près du jable et de manière à ce que la jauge ait traversé le fond dans son plus grand diamètre; on arrivera à la division 2 hectos 95 litres, qui sera la contenance du fût.

Il convient d'observer que si les fûts avaient plus de 3 centimètres de jable, il faudrait en tenir compte (1).

Il est une autre jauge à ruban, dont les calculs sont faits avec jables

---

(1) Sur la jauge à ruban de l'auteur de cet ouvrage, les trois centimètres sont marqués par un astérisque.

non compris. On opère comme avec celle ci-dessus, seulement on prend la longueur du fût entre les deux jables.

Jaugeage métrique.

Pour trouver la contenance d'un tonneau, on cherche le diamètre réduit, qui s'obtient en ajoutant le diamètre des fonds au double de celui du bouge et en divisant par trois. Ensuite on multiplie ce diamètre réduit par 3,142, ce qui donne la circonférence du cercle. On multiplie cette circonférence par le quart du diamètre réduit, et on multiplie ce produit par la longueur du tonneau.

Opérons sur un tonneau dont la longueur entre les deux jables est de 81 centimètres, le diamètre du fond de 61 centimètres et le diamètre du bouge de 73 centimètres.

On a : le diamètre du fond.................. 61

ajouté à 2 fois le diamètre du bouge 73 =....... 146

Total, duquel on prend le tiers.............. 207
Le tiers est........................... 69 diamètre réduit
que l'on multiplie par 3,142....... 3,142
                                       69
                                    ————
                                    28278
                                    18852
                                    ————
                                    216798 circonférence que l'on mul-
tiplie par...................   172 quart de 69, diamètre réduit.
                                    ————
                                    433596
                                    1517586
                                    216798
                                    ————
                                    37289256 surface du cercle moyen que
l'on multiplie par..........   81, longueur du tonneau.
                                    ————
                                    37289256
                                    298314048
                                    ————
                                    3020429736 ce qui donne un peu plus de
302 litres pour la contenance du tonneau.

Jaugeage par le poids.

Tout le monde sait qu'un litre est un décimètre cube d'eau, du poids d'un kilogramme. En pesant un tonneau de vin, on aura donc autant de litres qu'on aura trouvé de kilogrammes, moins la tare. La difficulté est de connaître le poids du tonneau sans le vider, pour le retrancher du poids total; mais voici un tableau, extrait du manuel des employés de l'octroi de Paris, par M. Alluard, qui indique la tare des tonneaux des principales contrées de France.

	litres.	kil.		litres.	kil.
Pièce de Beaune	230	29	Bordeaux, bois fort........	226	61
Pièce d'Anjou, bois mince...	230	37	— fort........	225	61
— bois fort....	230	40	Pièce frauduleuse, bois aminci		
Touraine et Orléans, bois			sur les flancs...........	276	57
mince.	236	57	Languedoc, bois mince.....	283	50 1/2
Touraine, bois très-mince...	246	35 1/2	— fort.......	274	58
Orléans, bois fort..........	230	46	Marseille, fonds ordinaires..	213	46
— pièce neuve.......	230	47	— — plâtrés	220	50
Pièce du Cher............	244	43 1/2	Cahors, bois épais.........	214	56
Gâtinaise	222	40	Petit muid de Montpellier... }	315	61
Renaison, bois fort et forts			Eau-de-vie............... }		
sommiers	200	58	Pièce de Cognac, eau-de-vie.	207	40 1/2
Mâcon, fonds plâtrés	214	46	Gros muid de Montpellier, vin	380	66.7
Auvergne, bois mince......	281	35 1/2	— — —	430	72.6
— ordinaire	326	42	Pipe de Cognac, eau-de-vie.	500	87.6
— fort...........	293	43	— de Montpellier........	615	90
— très-fort........	230	49	— esprit...............	615	117
Bordeaux, bois mince.......	218	50 1/2	— —	650	»
— ordinaire	221	58 1/2	— —	640	»
— —	216	57	— —	650	»
— —	214	56			

VIDANGE DES FUTAILLES.

Les employés constatent la vente des liquides en cercles par dixièmes; voici comment ils opèrent : ils introduisent une sonde pliante, divisée de dix en dix centimètres, dans les fûts, et ils apprécient approximativement le nombre de dixièmes vendus suivant le nombre de centimètres vides, en tenant compte de la courbure et du renflement des tonneaux. Ainsi, pour qu'il manque un dixième dans un fût de 220 litres, il faut qu'il y ait à peu près 9 centimètres 1/2 de vide, pour deux dixièmes 15 centimètres 8 millimètres, etc.

Appréciation approximative des fûts en vidange.

Fût de 228 litres.

Nombre de dixièmes vides.	Centimètres et millimètres vides.		Nombre de litres vendus.	Nombre de litres qui restent.
	c.	m.		
1/10	10	2	22	206
2/10	16	2	45	185
3/10	21	8	68	160
4/10	27	2	91	137
5/10	33	»	114	114
6/10	38	8	137	91
7/10	44	»	160	68
8/10	49	4	185	43
9/10	56	»	206	22
10/10	66	»	228	0

Fût de 220 litres.

Nombre de dixièmes vides.	Centimètres et millimètres vides.		Nombre de litres vendus.	Nombre de litres qui restent.
	c.	m.		
1/10	9	5	22	198
2/10	15	8	44	176
3/10	21	2	66	154
4/10	26	2	88	132
5/10	31	5	110	110
6/10	37	2	132	88
7/10	42	2	154	66
8/10	48	8	176	44
9/10	54	»	198	22
10/10	63	»	220	0

Fût de 114 litres.

Nombre de dixièmes vides.	Centimètres et millimètres vides.		Nombre de litres vendus.	Nombre de litres qui restent.
	c.	m.		
1/10	7	5	11	103
2/10	12	»	22	92
3/10	16	7	34	80
4/10	20	7	45	69
5/10	23	»	57	57
6/10	30	5	69	45
7/10	34	5	80	34
8/10	39	»	92	22
9/10	43	7	103	11
10/10	50	»	114	0

Un dixième est donc 10 litres, 11, 20 ou 22 litres, c'est-à-dire la dixième partie de la contenance du fût, suivant qu'il est de 100 litres, 110, 200 ou 220 litres, etc.

Lorsqu'on a besoin d'une appréciation plus exacte que la division décimale, surtout pour les liquides spiritueux, on opère différemment. On prend d'abord la contenance du fût avec la jauge, le nombre de centimètres de la hauteur du fond, ou du diamètre à la bonde, et le nombre de centimètres mouillés.

On peut opérer par le fond ou par la bonde.

Les vaisseaux sont supposés construits régulièrement.

Soit un fût de la contenance de 300 litres, dont la hauteur, prise par la bonde en dessous du bois, est de 70 centimètres et le mouillé de 37 centimètres.

On multiplie d'abord le nombre de centimètres
mouillés, 37, par 100 = ... 3700 | 70
On divise ce produit par la hauteur totale 70. 350 | 52.8 (¹)

$$\begin{array}{r|l} 3700 & 70 \\ 350 & \overline{52.8\,(^1)} \\ \hline 200 & \\ 140 & \\ \hline 600 & \\ 560 & \\ \hline 40 & \end{array}$$

On cherche sur le tableau des segments, d'autre part, le nombre correspondant à 53 (1), quotient de cette division ; on trouve 5405, que
l'on multiplie par la contenance du fût, 300 litres.

$$\begin{array}{r} 5405 \\ 300 \\ \hline 1,62.1500 \end{array}$$

On retranche quatre chiffres, et on obtient 162 pour le nombre de
litres qui restent dans le fût.

---

(1) On force toutes les fois que la fraction arrive à 5₀.

TABLEAU DES SEGMENTS
POUR OPÉRER PAR LA RONDE.

Tranches.	Segment.	Tranches.	Segment.	Tranches.	Segment.	Tranches.	Segment.	Tranches.	Segment.
1	» 0002	21	» 1342	41	» 3792	61	» 6472	81	» 8866
2	» 0008	22	» 1419	42	» 3924	62	» 6603	82	» 8966
3	» 0021	23	» 1559	43	» 4057	63	» 6734	83	» 9064
4	» 0041	24	» 1671	44	» 4191	64	» 6865	84	» 9159
5	» 0070	25	» 1784	45	» 4325	65	» 6992	85	» 9251
6	» 0110	26	» 1899	46	» 4460	66	» 7120	86	» 9359
7	» 0158	27	» 2016	47	» 4595	67	» 7247	87	» 9424
8	» 0215	28	» 2136	48	» 4730	68	» 7373	88	» 9503
9	» 0277	29	» 2256	49	» 4865	69	» 7498	89	» 9582
10	» 0345	30	» 2378	50	» 5000	70	» 7622	90	» 9655
11	» 0418	31	» 2502	51	» 5135	71	» 7744	91	» 9725
12	» 0495	32	» 2627	52	» 5270	72	» 7864	92	» 9785
13	» 0576	33	» 2753	53	» 5405	73	» 7984	93	» 9842
14	» 0661	34	» 2880	54	» 5540	74	» 8101	94	» 9890
15	» 0749	35	» 3008	55	» 5675	75	» 8216	95	» 9930
16	» 0841	36	» 3137	56	» 5803	76	» 8329	96	» 9959
17	» 0936	37	» 3266	57	» 5945	77	» 8441	97	» 9979
18	» 1034	38	» 3397	58	» 6076	78	» 8551	98	» 9992
19	» 1134	39	» 3528	59	» 6208	79	» 8658	99	» 9998
20	» 1236	40	» 3660	60	» 6310	80	» 8764	100	1.0000

TABLEAU DES SEGMENTS
POUR OPÉRER PAR LE FOND.

Tranches.	Segment.	Tranches.	Segment.	Tranches.	Segment.	Tranches.	Segment.	Tranches.	Segment.
1	» 0088	21	» 1948	41	» 4006	61	» 6200	81	» 8547
2	» 0176	22	» 2046	42	» 4115	62	» 6316	82	» 8544
3	» 0265	23	» 2145	43	» 4221	63	» 6422	83	» 8440
4	» 0354	24	» 2244	44	» 4335	64	» 6547	84	» 8536
5	» 0444	25	» 2344	45	» 4445	65	» 6652	85	» 8651
6	» 0534	26	» 2444	46	» 4554	66	» 6757	86	» 8746
7	» 0625	27	» 2545	47	» 4665	67	» 6841	87	» 8820
8	» 0716	28	» 2646	48	» 4776	68	» 6941	88	» 8914
9	» 0808	29	» 2748	49	» 4888	69	» 7047	89	» 9007
10	» 0900	30	» 2850	50	» 5000	70	» 7130	90	» 9100
11	» 0995	31	» 2955	51	» 5112	71	» 7252	91	» 9192
12	» 1086	32	» 3056	52	» 5224	72	» 7354	92	» 9284
13	» 1180	33	» 3159	53	» 5338	73	» 7455	93	» 9375
14	» 1274	34	» 3265	54	» 5449	74	» 7556	94	» 9466
15	» 1360	35	» 3368	55	» 5557	75	» 7656	95	» 9556
16	» 1454	36	» 3475	56	» 5667	76	» 7756	96	» 9646
17	» 1560	37	» 3578	57	» 5776	77	» 7855	97	» 9733
18	» 1656	38	» 3684	58	» 5885	78	» 7954	98	» 9824
19	» 1755	39	» 3791	59	» 5994	79	» 8052	99	» 9942
20	» 1850	40	» 3898	60	» 6102	80	» 8150	100	1.0000

Voici un tableau qui donne le nombre de litres qui restent dans les fûts des principales jauges de France, suivant le nombre de centimètres mouillés. Il faut observer que, si les fûts, quoique de même capacité, n'avaient pas les mêmes proportions, c'est-à-dire n'avaient pas, pris par la bonde, le nombre de centimètres de hauteur indiqué au tableau, il faudrait avoir recours au calcul par les segments.

On plonge la jauge perpendiculairement par la bonde ; si c'est un fût de 136 litres, on doit trouver 51 centimètres de hauteur, en dessous du bois. On cherche sur le tableau le nombre correspondant au nombre de centimètres mouillés, soit 7 centimètres, et on trouve qu'il reste 9 litres dans le fût.

Nombre de centimètr. mouillés.	NOMBRE DE LITRES QUI RESTENT DANS LES FUTS D'UNE CONTENANCE DE																		
	70	106	114	136	200	220	228	236	285	300	325	350	365	460	480	510	530	560	620
1	»	»	»	»	»	»	»	»	»	»	»	»	»	»	»	1/8	1/8	1/8	1/8
2	1/2	1/2	1/2	1/2	1/2	1/2	1/2	1/2	1/2	1/2	3/4	3/4	3/4	1	1	1/2	1	1/2	1/2
3	1	1	1	1	1	2	2	1	2	1	1	1	1	2	2	2	2	2	1
4	2	2	3	3	3	2	3	3	3	3	4	2	3	3	3	4	4	4	4
5	3	4	4	5	4	5	5	4	6	5	5	6	6	5	5	6	6	6	7
6	5	5	6	7	7	8	6	7	8	6	7	8	8	10	10	8	11	9	10
7	6	7	8	9	10	9	10	8	12	10	11	10	10	13	13	14	15	12	13
8	8	9	10	11	13	13	11	12	14	13	14	15	15	16	17	18	18	16	17
9	9	11	12	14	15	15	15	14	19	17	16	17	18	23	24	21	22	23	21
10	11	13	14	17	19	19	17	17	21	20	21	20	21	26	28	25	31	28	26
11	13	15	17	20	23	21	21	20	27	25	24	23	24	30	32	34	35	32	31
12	15	18	19	23	25	25	24	24	29	28	27	29	31	35	40	38	40	37	41
13	17	19	22	24	29	30	28	27	35	34	34	33	34	43	45	43	45	42	46
14	19	21	24	27	33	32	31	32	38	37	37	36	38	48	50	48	53	52	52
15	21	24	27	31	36	37	36	34	44	40	44	43	45	52	54	58	60	58	58
16	23	27	30	34	40	39	38	39	48	47	47	47	49	62	64	63	66	64	64
17	26	29	33	37	45	44	43	42	54	50	51	51	53	67	70	68	71	69	70
18	27	32	36	41	50	50	46	45	57	57	57	58	61	72	75	74	83	75	77
19	29	35	39	44	53	52	51	50	64	60	62	62	65	77	86	80	89	87	90
20	32	37	42	48	58	58	54	53	68	68	66	66	69	87	91	91	95	94	97
21	34	40	45	52	63	61	60	59	73	71	73	75	78	93	97	97	101	100	104
22	36	43	48	55	65	66	63	62	78	75	77	79	82	98	103	105	107	106	111
23	38	46	51	59	71	72	69	68	86	83	85	83	87	104	114	109	120	113	118
24	41	49	54	62	76	75	74	74	93	90	89	92	96	115	120	121	126	126	125
25	43	52	57	66	78	81	77	77	97	94	94	96	100	121	126	128	133	133	132
26	44	54	60	70	84	86	80	80	101	98	102	101	105	127	138	134	139	140	147
27	47	57	63	74	89	89	86	86	108	106	106	110	115	138	144	140	153	147	155
28	49	60	66	77	92	92	89	89	112	110	110	114	119	144	151	153	159	154	163
29	51	63	69	81	97	98	96	96	119	114	119	119	124	150	163	160	166	168	171
30	53	66	72	84	103	104	102	99	127	122	123	123	129	156	169	167	173	176	179
31	55	69	75	88	108	107	105	105	131	126	128	133	138	168	176	173	187	183	186
32	57	71	78	92	111	113	108	108	135	134	136	137	143	174	188	187	194	190	194
33	59	74	81	95	116	116	114	112	143	138	141	142	148	181	195	194	201	198	211
34	61	77	84	99	122	122	120	118	150	142	149	151	158	193	201	200	208	205	219
35	62	79	87	102	124	128	123	121	154	150	154	156	163	199	208	207	222	220	227

NOMBRE DE LITRES QUI RESTENT DANS LES FUTS D'UNE CONTENANCE DE

Nombre de centimètres mouillés.	70	106	114	136	200	220	228	256	285	300	328	350	365	460	480	510	530	560	620
36	64	82	90	103	129	131	129	128	162	154	158	161	168	205	221	214	220	227	235
37	65	85	92	109	135	137	132	131	166	162	167	166	175	211	227	227	236	235	245
38	67	87	93	112	137	139	139	157	175	166	171	175	185	224	251	254	251	242	252
39	68	88	97	115	142	143	142	140	177	174	176	180	187	230	243	241	238	250	260
40	69	91	100	116	147	148	148	147	184	178	184	189	197	236	255	278	263	265	268
41	70	95	102	119	150	154	151	150	188	186	189	194	202	249	259	262	272	272	288
42	70	96	104	122	155	156	156	156	196	190	197	199	207	255	272	269	286	280	295
43	70	97	106	125	160	162	159	159	199	194	202	208	217	261	279	276	294	288	302
44	»	99	108	127	164	168	163	163	207	202	206	213	222	267	285	283	301	295	310
45	»	101	110	129	167	173	168	168	210	206	213	217	227	279	292	289	308	310	318
46	»	102	112	131	171	176	174	174	217	214	219	227	236	286	304	305	315	318	327
47	»	104	113	133	175	181	177	177	221	217	225	231	241	292	311	310	329	325	335
48	»	105	114	135	177	183	182	183	228	223	231	236	246	298	317	316	336	335	342
49	»	106	114	136	181	188	185	183	231	229	236	240	250	310	329	325	343	340	360
50	»	106	114	136	185	190	190	191	237	232	240	243	250	316	336	337	350	355	368
51	»	106	»	136	187	193	192	194	241	240	248	254	263	322	342	345	364	362	377
52	»	»	»	»	190	199	195	197	244	245	252	258	269	328	348	350	371	370	383
53	»	»	»	»	195	201	200	202	250	250	260	267	278	339	360	357	377	377	393
54	»	»	»	»	196	203	204	207	256	255	265	271	283	343	366	370	391	384	401
55	»	»	»	»	197	209	207	209	258	260	268	273	287	353	372	376	397	392	409
56	»	»	»	»	199	211	211	212	264	265	274	284	296	362	385	382	404	406	426
57	»	»	»	»	200	212	213	214	266	265	278	288	300	367	389	389	410	415	434
58	»	»	»	»	200	215	217	218	271	269	281	292	304	375	394	401	417	420	441
59	»	»	»	»	200	218	218	220	275	272	285	295	308	378	400	407	429	427	449
60	»	»	»	»	»	218	222	224	277	280	291	303	316	388	410	415	433	434	457
61	»	»	»	»	»	220	225	228	270	285	298	307	320	395	416	419	441	447	465
62	»	»	»	»	»	220	225	229	282	287	301	314	327	398	421	430	455	454	473
63	»	»	»	»	»	220	225	252	263	296	304	317	331	408	430	436	459	460	488
64	»	»	»	»	»	»	228	255	284	292	309	321	334	412	435	442	464	466	495
65	»	»	»	»	»	»	228	255	285	295	311	327	341	417	440	447	470	475	502
66	»	»	»	»	»	»	228	256	285	297	314	330	344	425	448	452	480	485	509
67	»	»	»	»	»	»	»	256	»	299	318	335	347	450	452	462	488	491	516
68	»	»	»	»	»	»	»	256	»	299	320	338	350	454	456	467	490	496	525
69	»	»	»	»	»	»	»	»	»	300	325	340	358	457	465	472	495	502	530
70	»	»	»	»	»	»	»	»	»	300	324	342	357	441	467	476	504	508	543
71	»	»	»	»	»	»	»	»	»	»	324	344	359	447	470	483	508	518	550
72	»	»	»	»	»	»	»	»	»	»	325	348	362	450	475	489	512	525	556
73	»	»	»	»	»	»	»	»	»	»	328	349	364	455	477	492	515	528	562
74	»	»	»	»	»	»	»	»	»	»	»	349	364	457	478	496	522	532	568
75	»	»	»	»	»	»	»	»	»	»	»	350	365	458	479	502	524	537	574
76	»	»	»	»	»	»	»	»	»	»	»	350	365	459	480	504	526	541	579
77	»	»	»	»	»	»	»	»	»	»	»	»	»	460	480	506	528	548	584
78	»	»	»	»	»	»	»	»	»	»	»	»	»	460	»	508	529	551	594
79	»	»	»	»	»	»	»	»	»	»	»	»	»	»	»	509	530	554	599
80	»	»	»	»	»	»	»	»	»	»	»	»	»	»	»	510	530	556	603
81	»	»	»	»	»	»	»	»	»	»	»	»	»	»	»	510	»	558	607
82	»	»	»	»	»	»	»	»	»	»	»	»	»	»	»	»	»	560	610
83	»	»	»	»	»	»	»	»	»	»	»	»	»	»	»	»	»	560	613
84	»	»	»	»	»	»	»	»	»	»	»	»	»	»	»	»	»	560	616
85	»	»	»	»	»	»	»	»	»	»	»	»	»	»	»	»	»	»	619
86	»	»	»	»	»	»	»	»	»	»	»	»	»	»	»	»	»	»	620
87	»	»	»	»	»	»	»	»	»	»	»	»	»	»	»	»	»	»	620
88	»	»	»	»	»	»	»	»	»	»	»	»	»	»	»	»	»	»	620

DU PRIX DE VENTE.

Les prix doivent être déclarés aux employés au moment de la mise en vente des boissons.

Ces prix doivent être affichés dans un endroit apparent du débit. (Art. 48, loi du 28 avril 1816.)

Les employés fournissent cette affiche, moyennant 10 centimes pour le timbre.

Si les débitants changent les prix déclarés, ils doivent en avertir les employés à leur premier exercice.

En cas de contestation entre les employés et les débitants, relativement à l'exactitude de la déclaration du prix de vente, il en est référé au maire de la commune, qui prononce sur le différend. On peut en appeler, de part et d'autre, au préfet qui, en conseil de préfecture, statue définitivement après avoir pris l'avis du sous-préfet et du directeur des contributions indirectes. Le droit est perçu provisoirement d'après la décision du maire, sauf rappel ou restitution.

La décision ne peut s'appliquer aux boissons vendues antérieurement à la contestation. (Art. 49, loi du 28 avril 1816.)

Les débitants doivent déclarer le prix de vente des vins en bouteilles au premier exercice qui suit la mise en bouteilles, ou en remettant l'acquit, si les vins ont été reçus en bouteilles.

Boissons en cercles vendues à la bouteille.

Lorsque le débit courant des boissons se fait à la bouteille, la régie des contributions indirectes est autorisée par le décret du 8 mai 1813 à élever le prix de vente déclaré par le débitant, dans une proportion égale à la différence de capacité qui existe entre la bouteille et le litre.

A cet effet les employés cherchent la contenance moyenne des bouteilles avec le rapporteur centésimal, en prenant une petite, une moyenne et une grande bouteille.

Une fois que l'on connaît la capacité moyenne des bouteilles, pour trouver le prix de vente du litre, il faut multiplier le prix déclaré de la bouteille par 100 et diviser ce produit par la capacité moyenne des bouteilles.

Exemple : soit du vin déclaré à 0,55 centimes la bouteille, dont la capacité moyenne est 85 centilitres.

On multiplie 55 par 100 et on divise le produit 5500 par 85, ce qui donne 0,64 centimes le litre et une fraction, ou 65 en forçant.

```
550.0 | 85
510   |————
————    | 64
 400
 340
————
  60
```

Afin d'éviter cette fraction, l'administration admet que les prix soient arrondis ainsi :

63 et 64 pour 65 comme 66 et 67 ;

68 et 69 pour 70 comme 71 et 72.

Autrement dit : lorsqu'il y a 1 ou 2 centimes, on les néglige ; lorsque la fraction arrive à 3 ou 4, on prend les 5 centimes.

Voici un tableau indiquant les différences qui existent entre le prix du litre et celui des bouteilles de la contenance moyenne de 64 à 100 centilitres, et vendues à raison de 10 centimes à 1 franc.

Il est facile de se servir de ce tableau : supposons des bouteilles de la capacité moyenne de 80 centilitres, et déclarées à 60 centimes l'une : on cherche dans la première colonne verticale le nombre 80, puis on suit la ligne horizontale à ce nombre jusqu'à ce qu'on soit en regard du prix déclaré 60, qui est en tête du tableau, et on trouve que le prix du litre est 75 centimes.

CONTENANCE DES BOUTEILLES en centilitres.	BOISSONS EN CERCLES VENDUES A LA BOUTEILLE A RAISON DE																				
	fr. c. » 10	fr. c. » 13	fr. c. » 15	fr. c. » 18	fr. c. » 20	fr. c. » 25	fr. c. » 30	fr. c. » 35	fr. c. » 40	fr. c. » 45	fr. c. » 50	fr. c. » 55	fr. c. » 60	fr. c. » 65	fr. c. » 70	fr. c. » 75	fr. c. » 80	fr. c. » 85	fr. c. » 90	fr. c. » 95	fr. c. 1. »
	fr. c.	fr. c.	fr. c.	fr. c.	fr. c.	fr. c.	fr. c.	fr. c.	fr. c.	fr. c.	fr. c.	fr. c.	fr. c.	fr. c.	fr. c.	fr. c.	fr. c.	fr. c.	fr. c.	fr. c.	fr. c.
64........	» 16	» 20	» 23	» 28	» 31	» 39	» 47	» 55	» 63	» 70	» 78	» 86	» 94	1.02	1.09	1.17	1.25	1.33	1.41	1.48	1.56
65........	» 15	» 20	» 23	» 27	» 30	» 38	» 46	» 54	» 61	» 68	» 76	» 85	» 91	» 99	1.08	1.14	1.21	1.29	1.38	1.46	1.54
66........	» 15	» 20	» 22	» 27	» 30	» 38	» 45	» 53	» 61	» 68	» 76	» 83	» 91	» 98	1.06	1.14	1.21	1.29	1.36	1.44	1.52
67........	» 15	» 19	» 22	» 27	» 30	» 37	» 45	» 52	» 60	» 67	» 75	» 82	» 90	» 97	1.04	1.42	1.19	1.27	1.34	1.42	1.49
68........	» 15	» 19	» 22	» 26	» 29	» 37	» 44	» 51	» 59	» 66	» 74	» 81	» 89	» 96	1.03	1.10	1.18	1.25	1.32	1.40	1.47
69........	» 14	» 19	» 22	» 26	» 29	» 36	» 43	» 51	» 58	» 65	» 72	» 80	» 87	» 94	1.01	1.09	1.16	1.23	1.30	1.38	1.45
70........	» 14	» 19	» 21	» 26	» 29	» 36	» 43	» 50	» 57	» 64	» 71	» 79	» 86	» 93	1.00	1.07	1.14	1.21	1.29	1.36	1.43
71........	» 14	» 18	» 21	» 25	» 28	» 35	» 42	» 49	» 56	» 63	» 70	» 77	» 85	» 92	» 99	1.06	1.13	1.20	1.27	1.34	1.41
72........	» 14	» 18	» 21	» 25	» 28	» 35	» 42	» 49	» 56	» 63	» 69	» 76	» 83	» 90	» 97	1.04	1.11	1.18	1.25	1.32	1.39
73........	» 14	» 18	» 21	» 25	» 27	» 34	» 41	» 48	» 55	» 62	» 68	» 75	» 82	» 89	» 96	1.03	1.10	1.16	1.23	1.30	1.37
74........	» 14	» 18	» 20	» 24	» 27	» 34	» 41	» 47	» 54	» 61	» 68	» 74	» 81	» 88	» 95	1.01	1.08	1.15	1.22	1.28	1.35
75........	» 13	» 17	» 20	» 24	» 27	» 33	» 40	» 47	» 53	» 60	» 67	» 73	» 80	» 87	» 93	1.00	1.07	1.13	1.20	1.27	1.33
76........	» 13	» 17	» 20	» 24	» 26	» 33	» 39	» 46	» 53	» 59	» 66	» 72	» 79	» 86	» 92	» 99	1.05	1.12	1.18	1.25	1.32
77........	» 13	» 17	» 19	» 23	» 26	» 32	» 39	» 45	» 52	» 58	» 65	» 71	» 78	» 84	» 91	» 97	1.04	1.10	1.17	1.23	1.30
78........	» 13	» 17	» 19	» 23	« 26	» 32	» 38	» 45	» 51	» 58	» 64	» 71	» 77	» 83	» 90	» 96	1.03	1.09	1.15	1.22	1.28
79........	» 13	» 16	» 19	» 23	» 25	» 32	» 38	» 44	» 51	» 57	» 63	» 70	» 76	» 82	» 89	» 95	1.01	1.08	1.14	1.20	1.27
80........	» 13	» 16	» 19	» 23	» 25	» 31	» 38	» 44	» 50	» 56	» 63	» 69	» 75	» 81	» 88	» 94	1.00	1.06	1.13	1.19	1.25
81........	» 12	» 16	» 19	» 22	» 25	» 31	» 37	» 43	» 49	» 56	» 62	» 68	» 74	» 80	» 86	» 93	» 99	1.05	1.11	1.17	1.23
82........	» 12	» 16	» 18	» 22	» 24	» 30	» 37	» 43	» 49	» 55	» 61	» 67	» 73	» 79	» 85	» 91	» 98	1.04	1.10	1.16	1.22
83........	» 12	» 16	» 18	» 22	» 24	» 30	» 36	» 42	» 48	» 54	» 60	» 66	» 72	» 78	» 84	» 90	» 96	1.02	1.08	1.14	1.20
84........	» 12	» 15	» 18	» 21	» 24	» 30	» 36	» 42	» 48	» 54	» 60	» 65	» 71	» 77	» 83	» 89	» 95	1.01	1.07	1.13	1.19
85........	» 12	» 15	» 18	» 21	» 24	» 29	» 35	» 41	» 47	» 53	» 59	» 65	» 71	» 76	» 83	» 88	» 94	1.00	1.06	1.12	1.18
86........	» 12	» 15	» 17	» 21	» 23	» 29	» 35	» 41	» 47	» 52	» 58	» 64	» 70	» 76	» 81	» 87	» 93	» 99	1.05	1.10	1.16
87........	» 11	» 15	» 17	» 21	» 23	» 29	» 34	» 40	» 46	» 52	» 57	» 63	» 69	» 75	» 80	» 86	» 92	» 98	1.03	1.09	1.15
88........	» 11	» 15	» 17	» 20	» 23	» 28	» 34	» 40	» 45	» 51	» 57	» 63	» 68	» 74	» 80	» 85	» 91	» 97	1.02	1.08	1.14
89........	» 11	» 15	» 17	» 20	» 22	» 28	» 34	» 39	» 45	» 51	» 56	» 62	» 67	» 73	» 79	» 84	» 90	» 96	1.01	1.07	1.12
90........	» 11	» 14	» 17	» 20	» 22	» 28	» 33	» 39	» 44	» 50	» 56	» 61	» 67	» 72	» 78	» 83	» 89	» 94	1.00	1.06	1.11
91........	» 11	» 14	» 16	» 20	» 22	» 27	» 33	» 38	» 44	» 49	» 55	» 60	» 66	» 71	» 77	» 82	» 88	» 93	» 99	1.04	1.10
92........	» 11	» 14	» 16	» 20	» 22	» 27	» 33	» 38	» 43	» 49	» 54	» 60	» 65	» 71	» 76	» 82	» 87	» 92	» 98	1.03	1.09
93........	» 11	» 14	» 16	» 19	» 22	» 27	» 32	» 38	» 43	» 48	» 54	» 59	» 65	» 70	» 75	» 81	» 86	» 91	» 97	1.02	1.08
94........	» 11	» 14	» 16	» 19	» 21	» 27	» 32	» 37	» 43	» 48	» 53	» 59	» 64	» 69	» 74	» 80	» 85	» 90	» 96	1.01	1.06
95........	» 11	» 14	» 16	» 19	» 21	» 26	» 32	» 37	» 42	» 47	» 53	» 58	» 63	» 68	» 74	» 79	» 84	» 89	» 95	1.00	1.05
96........	» 10	» 14	» 16	» 19	» 21	» 26	» 31	» 36	» 42	» 47	» 52	» 57	» 63	» 68	» 73	» 78	» 83	» 89	» 94	» 99	1.04
97........	» 10	» 13	» 15	» 19	» 21	» 26	» 31	» 36	» 41	» 46	» 52	» 57	» 62	» 67	» 72	» 77	» 82	» 88	» 93	» 98	1.03
98........	» 10	» 13	» 15	» 18	» 20	» 26	» 31	» 36	» 41	» 46	» 51	» 56	» 61	» 66	» 71	» 77	» 82	» 88	» 92	» 97	1.02
99........	» 10	» 13	» 15	» 18	» 20	» 25	» 30	» 35	» 40	» 45	» 51	» 56	» 61	» 66	» 71	» 76	» 81	» 86	» 91	» 96	1.01
100........	» 10	» 13	» 15	» 18	» 20	» 25	» 30	» 35	» 40	» 45	» 50	» 55	» 60	» 65	» 70	» 75	» 80	» 85	» 90	» 95	1.00

TRANSVASIONS.

On peut avoir à chercher :

1° Combien un fût d'une contenance connue, transvasé en bouteilles d'une capacité moyenne connue, a produit de bouteilles.

Dans ce cas il faut multiplier le nombre de litres du fût par 100 et diviser ce produit par la capacité moyenne des bouteilles.

Exemple : soit un fût de 220 litres et les bouteilles d'une contenance moyenne de 94 centilitres, quel est le nombre de bouteilles?

On a :   94 : 100 :: 220 : $x = 234$ bouteilles.

$$
\begin{array}{r|l}
220.0.0 & 94 \\
188 & \overline{} \\
\cline{1-1}
320 & 234 \\
282 & \\
\cline{1-1}
380 & \\
376 & \\
\cline{1-1}
4 & \\
\end{array}
$$

2° Combien il a fallu de litres, pris sur un fût, pour remplir un nombre de bouteilles déterminé, d'une capacité moyenne connue.

Dans ce cas, on multiplie le nombre de bouteilles par la capacité moyenne des bouteilles et on divise ce produit par 100.

Exemple : soit 234 bouteilles de la capacité moyenne de 94 centilitres, quel est le nombre de litres qu'il a fallu pour les remplir ?

On a :   100 : 94 :: 234 : $x = \dfrac{234 \times 94}{100} = 220$ litres.

En forçant, lorsque la fraction dépasse 50 mill., on obtient 220 litres.

$$
\begin{array}{r}
234 \\
94 \\
\hline
936 \\
2106 \\
\hline
219.96 \\
\end{array}
$$

3° Combien on doit prendre de litres en charge pour un nombre de bouteilles déterminé, dont la capacité moyenne est connue, transvasées en un fût.

On opère comme pour le 2° cas, c'est-à-dire que l'on multiplie le nombre de bouteilles par la capacité moyenne, et on divise le produit par 100.

4° On peut avoir à trouver la contenance moyenne des bouteilles, connaissant le nombre de litres transvasés et le nombre de bouteilles résultant de cette transvasion.

Pour ce 4° cas, il faut multiplier le nombre de litres transvasés par 100 et diviser ce produit par le nombre de bouteilles résultant de cette transvasion.

Exemple : soit un fût de 220 litres, transvasé en 234 bouteilles, quelle est la capacité moyenne des bouteilles ?

$$\text{On a : } 234 : 100 :: 220 : x = \frac{220 \times 100}{234} = 94 \text{ centilitres.}$$

$$
\begin{array}{r|l}
2200.0. & 234 \\
2106 & \overline{} \\
\overline{940} & 94 \\
936 & \\
\overline{4} &
\end{array}
$$

Il est bon de remarquer que, lorsqu'un débitant transvase en bouteilles un fût qui n'est pas en vidange, les employés calculent sur la quantité pour laquelle il est pris en charge, et prennent en charge le nombre de bouteilles résultant de ce calcul, lors même que le débitant n'aurait pas son compte ; c'est au débitant, en recevant ses boissons, de s'assurer si les fûts contiennent bien la quantité énoncée en l'acquit.

Les débitants peuvent mettre leur vin en bouteilles en l'absence des employés, mais ils doivent à leur premier exercice déclarer ce qu'ils ont fait.

Les remplissages sont formellement interdits en l'absence des employés.

Du pesage des liquides spiritueux.

L'impôt sur les liquides spiritueux est basé sur le degré de ces liquides ; c'est pour cela que les employés les pèsent. Nous allons donner la définition des deux instruments nécessaires au pesage des alcools et la manière de s'en servir.

THERMOMÈTRE.

On donne ce nom à un instrument destiné à mesurer la température de l'air et de tout autre corps liquide ou gazeux. La construction du thermomètre repose sur la dilatation régulière qu'éprouvent les corps, surtout les liquides, sous l'influence de la chaleur. Le thermomètre, inauguré vers la fin du dix-septième siècle, par l'Académie del Cimento, est composé d'une boule de verre, à laquelle est soudé un tube de même matière. On remplit une partie de cette boule d'alcool coloré en rouge; on scelle hermétiquement le bout du tube, et l'on fixe l'instrument sur une planche divisée en parties égales. La chaleur fait dilater la liqueur et le froid la condense. Les degrés de chaleur sont donc marqués en montant, et ceux du froid en descendant; mais ils ne se rapportent à aucun terme connu.

Amontons, au commencement du 17e siècle, conçut le premier l'idée d'un thermomètre comparable. A cet effet, il mit à profit les découvertes qu'on venait de faire : la première était que la force élastique de l'air augmente d'autant plus par le même degré de chaleur, que ce gaz est chargé d'un plus grand poids; la seconde, que l'eau, une fois entrée en ébullition, ne devient pas plus chaude quel que soit le degré de chaleur qu'on lui applique. Bientôt après, Black démontra expérimentalement que la glace fondante conserve invariablement le même degré de température, tant qu'il reste encore une portion à fondre, et quel que soit le degré de chaleur qu'on lui applique. Ces deux découvertes fournirent les deux termes fixes et comparables du thermomètre de Réaumur.

Dans le thermomètre centigrade (thermomètre de Celsius), l'échelle est divisée en 100 degrés, 0 degré représentant la température de la glace fondante, et 100 degrés l'eau bouillante. C'est le thermomètre qui est aujourd'hui généralement employé. En multipliant les degrés du thermomètre de Réaumur par $^5/_4$, on les transforme en degrés centigrades. Les liquides employés pour les thermomètres sont presque exclusivement l'alcool et le mercure.

ARÉOMÈTRE.

Instrument servant à mesurer la densité relative des liquides dans lesquels il est plongé. On lui donne le nom de pèse-liqueur, pèse-sirop, pèse-acide, pèse-sel, etc., selon ses différents usages. La construction d'un aréomètre repose sur le principe hydrostatique suivant : un corps solide, plongé dans un liquide quelconque, perd une partie de son poids égal à celui du volume de ce liquide déplacé. Un même corps plonge d'autant plus profondément que la densité du liquide est plus petite.

Pour peser les eaux-de-vie, plusieurs physiciens ont établi des aréomètres, auxquels on donne le nom d'alcoolomètres, fondés sur des principes différents, mais qui, par leur appréciation inexacte des eaux-de-vie, soulevaient chaque jour des difficultés dans le commerce. M. Gay-Lussac a mis un terme à ces difficultés. Voici le principe dont il est parti pour faire l'alcoolomètre qui porte son nom : « La force d'un liquide spiritueux est le nombre de centièmes, en volume, d'alcool pur que ce liquide contient à la température de 15 degrés centigrades. » L'échelle de cet alcoolomètre est divisée en 100 parties ou degrés, dont chacun représente un centième d'alcool : la division 0 degré correspond à l'eau pure, et la division 100 degrés à l'alcool. Cet instrument, plongé dans un liquide spiritueux, à la température de 15 degrés, en fait connaître immédiatement la force. Si le liquide avait plus, ou moins de 15 degrés, il faudrait corriger les indications de l'alcoolomètre ; car la chaleur fait varier le degré jusqu'à 12 pour cent ; c'est ce que l'on appelle ramener à la température. Dans ce but, on a calculé avec le plus grand soin les tables ci-contre, qui font connaître le degré réel à toutes les températures.

TABLE DES CORRECTIONS

à faire subir au degré apparent indiqué par l'alcoolomètre pour obtenir le degré réel des liquides spiritueux à la température de 15 degrés centigrades.

DIFFÉRENCES EN MOINS — à ajouter aux degrés indiqués par l'alcoolomètre pour obtenir les degrés réels.

DEGRÉS CENTÉSIMAUX indiqués par l'alcoolomètre	0	1	2	3	4	5	6	7	8	9	10	11	12-14	13-15
31 à 34	7	6	6	5	5	4	4	3	3	2	2	2	1	0
35	6	6	6	5	5	4	4	3	3	2	2	2	1	0
36 à 39	6	6	6	5	5	4	4	3	3	3	2	2	1	0
40 à 44	6	6	5	5	5	4	4	3	3	3	2	2	1	0
45—46	6	6	5	5	5	4	4	3	3	2	2	2	1	0
47 à 53	6	6	5	5	4	4	4	3	3	2	2	2	1	0
54 à 56	6	6	5	5	4	4	3	3	3	2	2	2	1	0
57 à 69	6	5	5	5	4	4	3	3	3	2	2	2	1	0
70—71	6	5	5	4	4	4	3	3	3	2	2	2	1	0
72 à 78	6	5	5	4	4	4	3	3	3	2	2	1	1	0
79 à 83	5	5	5	4	4	4	3	3	3	2	2	1	1	0
84	5	5	5	4	4	4	3	3	2	2	2	1	1	0
85	5	5	5	4	4	3	3	3	2	2	2	1	1	0
86 à 91	5	5	4	4	4	3	3	3	2	2	2	1	1	0
92—93	5	4	4	4	3	3	3	3	2	2	2	1	1	0
94	5	4	4	4	3	3	3	2	2	2	2	1	1	0
95	4	4	4	4	3	3	3	2	2	2	1	1	1	0
96—97	4	4	4	3	3	3	3	2	2	2	1	1	1	0
98	»	»	»	3	2	2	2	2	2	2	1	1	1	0
99	»	»	»	»	»	»	»	»	2	2	1	1	1	0
100	»	»	»	»	»	»	»	»	»	»	»	»	»	»

Degrés du thermomètre centigrade.

DIFFÉRENCES EN PLUS — à déduire des degrés désignés par l'alcoolomètre pour obtenir les degrés réels.

DEGRÉS CENTÉSIMAUX indiqués par l'alcoolomètre	16	17-18	19	20	21	22	23	24	25	26	27	28	29	30
31—32	0	1	2	2	3	3	3	4	4	5	5	5	6	6
33—34	1	1	2	2	3	3	3	4	4	5	5	6	6	6
35—36	1	1	2	2	3	3	3	4	4	5	5	6	6	6
37 à 40	1	1	2	2	3	3	4	4	4	5	5	6	6	6
41 à 43	0	1	2	2	3	3	3	4	4	5	5	6	6	6
44 à 46	0	1	2	2	3	3	3	4	4	5	5	5	6	6
47 à 59	0	1	2	2	2	3	3	4	4	5	5	5	6	6
60 à 70	0	1	2	2	2	3	3	4	4	4	5	5	6	6
71—72	0	1	2	2	2	3	3	4	4	4	5	5	5	6
73 à 82	0	1	2	2	2	3	3	3	4	4	5	5	5	6
83 à 85	0	1	1	2	2	3	3	3	4	4	5	5	5	6
86—87	0	1	1	2	2	3	3	3	4	4	4	5	5	6
88—89	0	1	1	2	2	3	3	3	4	4	4	5	5	5
90—91	0	1	1	2	2	2	3	3	4	4	4	5	5	5
92—93	0	1	1	2	2	2	3	3	4	4	4	4	5	5
94—95	0	1	1	2	2	2	3	3	3	4	4	4	5	5
96—97	0	1	1	1	2	2	2	3	3	3	4	4	4	5
97	0	1	1	1	2	2	2	3	3	3	4	4	4	5
98	0	1	1	1	2	2	2	3	3	3	4	4	4	4
99	0	1	1	1	2	2	2	3	3	3	4	4	4	4
100	0	1	1	1	2	2	2	2	3	3	3	4	4	4

Degrés du thermomètre centigrade.

2e TABLE DES CORRECTIONS

à faire subir au degré apparent indiqué par l'alcoolomètre pour obtenir le degré réel des liquides spiritueux à la température de 15 degrés centigrades.

DIFFÉRENCES EN MOINS — à ajouter aux degrés indiqués par l'alcoolomètre pour obtenir les degrés réels.

Degrés centésimaux indiqués par l'alcoolomèt.	0	1	2	3	4	5	6	7	8	9	10	11	12	13	14	15
1	0	0	0	0	0	0	0	0	0	0	0	0	0	0	0	0
2	0	0	0	0	0	0	0	0	0	0	0	0	0	0	0	0
3	0	0	0	0	0	1	1	1	1	1	1	0	0	0	0	0
4	0	0	0	0	0	1	1	1	1	1	1	0	0	0	0	0
5	0	0	0	0	0	1	1	1	1	1	1	0	0	0	0	0
6	1	1	1	1	1	1	1	1	1	1	1	0	0	0	0	0
7	1	1	1	1	1	1	1	1	1	1	1	0	0	0	0	0
8	1	1	1	1	1	1	1	1	1	1	1	0	0	0	0	0
9	1	1	1	1	1	1	1	1	1	1	1	0	0	0	0	0
10	1	1	1	1	1	1	1	1	1	1	1	1	0	0	0	0
11	1	1	1	1	1	1	1	1	1	1	1	1	1	0	0	0
12	1	1	1	1	1	1	1	1	1	1	1	1	1	0	0	0
13	2	2	2	2	1	1	1	1	1	1	1	1	1	0	0	0
14	2	2	2	2	2	2	2	1	1	1	1	1	1	0	0	0
15	2	2	2	2	2	2	2	2	1	1	1	1	1	0	0	0
16	3	3	3	2	2	2	2	2	2	1	1	1	1	0	0	0
17	3	3	3	3	2	2	2	2	2	1	1	1	1	0	0	0
18	4	3	3	3	3	2	2	2	2	2	1	1	1	0	0	0
19	4	4	3	3	3	3	2	2	2	2	1	1	1	0	0	0
20	4	4	4	3	3	3	2	2	2	2	1	1	1	0	0	0
21	5	4	4	4	3	3	3	2	2	2	1	1	1	0	0	0
22	5	5	4	4	4	3	3	3	2	2	2	1	1	1	0	0
23	6	5	5	4	4	3	3	3	2	2	2	1	1	1	0	0
24	6	5	5	4	4	4	3	3	3	2	2	1	1	1	0	0
25	6	6	5	5	4	4	3	3	3	2	2	2	1	1	0	0
26	6	6	5	5	5	4	4	3	3	2	2	2	1	1	0	0
27	6	6	5	5	5	4	4	3	3	2	2	2	1	1	0	0
28	6	6	5	5	5	4	4	3	3	2	2	2	1	1	0	0
29	7	6	6	5	5	4	4	3	3	2	2	2	1	1	0	0
30	7	6	6	5	5	4	4	3	3	2	2	2	1	1	0	0

Degrés du thermomètre centigrade.

DIFFÉRENCES EN PLUS — à déduire des degrés indiqués par l'alcoolomètre pour obtenir les degrés réels.

Degrés centésimaux indiqués par l'alcoolomèt.	16	17	18	19	20	21	22	23	24	25	26	27	28	29	30
1	0	0	0	0	1	1	1	1	1	1	1	1	1	1	1
2	0	0	0	0	1	1	1	1	1	1	1	2	2	2	2
3	0	0	0	0	1	1	1	1	1	1	1	2	2	2	2
4	0	0	0	0	1	1	1	1	1	1	2	2	2	2	2
5	0	0	0	1	1	1	1	1	1	1	2	2	2	2	2
6	0	0	0	1	1	1	1	1	1	1	2	2	2	2	2
7	0	0	0	1	1	1	1	1	1	2	2	2	2	2	2
8	0	0	0	1	1	1	1	1	1	2	2	2	2	2	3
9	0	0	0	1	1	1	1	1	1	2	2	2	2	2	3
10	0	0	0	1	1	1	1	1	2	2	2	2	2	3	3
11	0	0	0	1	1	1	1	1	2	2	2	2	2	3	3
12	0	0	0	1	1	1	1	1	2	2	2	2	3	3	3
13	0	0	1	1	1	1	1	2	2	2	2	2	3	3	3
14	0	0	1	1	1	1	1	2	2	2	2	3	3	3	3
15	0	0	1	1	1	1	2	2	2	2	2	3	3	3	4
16	0	0	1	1	1	1	2	2	2	2	3	3	3	3	4
17	0	0	1	1	1	2	2	2	2	3	3	3	3	4	4
18	0	1	1	1	1	2	2	2	2	3	3	3	4	4	4
19	0	1	1	1	1	2	2	2	3	3	3	3	4	4	4
20	0	1	1	1	2	2	2	2	3	3	3	4	4	4	5
21	0	1	1	1	2	2	2	3	3	3	3	4	4	4	5
22	0	1	1	1	2	2	2	3	3	3	3	4	4	4	5
23	0	1	1	1	2	2	2	3	3	3	4	4	4	5	5
24	0	1	1	1	2	2	2	3	3	3	4	4	4	5	5
25	0	1	1	1	2	2	2	3	3	3	4	4	5	5	5
26	0	1	1	1	2	2	2	3	3	4	4	4	5	5	5
27	0	1	1	2	2	2	3	3	3	4	4	4	5	5	6
28	0	1	1	2	2	2	3	3	3	4	4	4	5	5	6
29	0	1	1	2	2	2	3	3	4	4	4	5	5	5	6
30	0	1	1	2	2	2	3	3	4	4	4	5	5	6	6

Degrés du thermomètre centigrade.

Pour connaitre le nombre de litres d'alcool pur contenus dans un liquide spiritueux, il faut :

1° Prendre le degré de ce liquide avec l'alcoolomètre;

2° Prendre le degré de température avec le thermomètre centigrade;

3° Chercher sur les tableaux ci-dessus le nombre à ajouter, ou à déduire, pour obtenir le degré réel;

4° Multiplier le nombre qui exprime le volume de ce liquide par ce degré réel, et diviser ce produit par 100, en retranchant deux chiffres. Si les deux chiffres retranchés forment un nombre égal à 50, ou au-dessus, on force de 1 litre d'alcool; si, au contraire, ils forment un nombre inférieur à 50, on néglige la fraction.

EXEMPLE : Soit un fût de 120 litres d'eau-de-vie, dont le degré au thermomètre est 10 et le degré à l'alcoolomètre 52.

On cherche sur le tableau le degré de l'alcoolomètre 52, on trouve de 47 à 53, on suit cette ligne jusqu'à ce qu'on soit perpendiculairement en regard du degré 10 du thermomètre centigrade. On trouve qu'il y a 2 degrés à ajouter aux 52 degrés, ce qui donne 54 pour le degré réel. Il faut donc multiplier 120 litres par 54 degrés pour avoir le nombre de litres d'alcool pur imposables, et on trouve 65 litres.

$$
\begin{array}{r}
120 \\
54 \\
\hline
480 \\
600 \\
\hline
64.80
\end{array}
$$

Si cette même eau-de-vie, tout en ayant le même degré à l'alcoolomètre, avait 20 degrés au lieu de 10 au thermomètre centigrade, on trouverait au tableau, au lieu de 2 degrés à ajouter, 2 degrés à déduire, ce qui fait que l'eau-de-vie n'aurait que 50 degrés. On aurait 60 litres d'alcool pur imposables.

Nous allons donner un tableau indiquant le nombre de litres d'alcool pur contenus dans des vases de 20 à 120 litres d'eau-de-vie, absinthe ou tout autre liquide spiritueux, aux degrés ordinaires.

NOMBRE DE LITRES D'ALCOOL PUR AUX DEGRÉS CENTÉSIMAUX DE

NOMBRE de litres de liquides spiritueux.	40	41	42	43	44	45	46	47	48	49	50	51	52	53	54	55	70	71	72	73	74	75
20	8	8	8	9	9	9	9	9	10	10	10	10	10	11	11	11	14	14	14	15	15	15
21	8	9	9	9	9	9	10	10	10	10	11	11	11	11	11	12	15	15	15	15	16	16
22	9	9	9	9	10	10	10	10	11	11	11	11	11	12	12	12	15	16	16	16	16	17
23	9	9	10	10	10	10	11	11	11	11	12	12	12	12	12	13	16	16	17	17	17	17
24	10	10	10	10	11	11	11	11	12	12	12	12	12	13	13	13	17	17	17	18	18	18
25	10	10	11	11	11	11	12	12	12	12	13	13	13	13	14	14	18	18	18	18	19	19
26	10	11	11	11	11	12	12	12	12	13	13	13	14	14	14	14	18	18	19	19	19	20
27	11	11	11	12	12	12	12	13	13	13	14	14	14	14	15	15	19	19	19	20	20	20
28	11	11	12	12	12	13	13	13	13	14	14	14	15	15	15	15	20	20	20	20	21	21
29	12	12	12	12	13	13	13	14	14	14	15	15	15	15	16	16	20	21	21	21	21	22
30	12	12	13	13	13	14	14	14	14	15	15	15	16	16	16	17	21	21	22	22	22	23
31	12	13	13	13	14	14	14	15	15	15	16	16	16	16	17	17	22	22	22	23	23	25
32	13	13	13	14	14	14	15	15	15	16	16	16	17	17	17	18	22	23	23	23	24	24
33	13	14	14	14	15	15	15	16	16	16	17	17	17	17	18	18	23	23	24	24	24	25
34	14	14	14	15	15	15	16	16	16	17	17	17	18	18	18	19	24	24	24	25	25	26
35	14	14	15	15	15	16	16	16	17	17	18	18	18	19	19	19	25	25	25	26	26	26
36	14	15	15	15	16	16	17	17	17	18	18	18	19	19	19	20	25	26	26	26	27	27
37	15	15	16	16	16	17	17	17	18	18	19	19	19	20	20	20	26	26	27	27	27	28
38	15	16	16	16	17	17	17	18	18	19	19	19	20	20	21	21	27	27	27	28	28	29
39	16	16	16	17	17	18	18	18	19	19	20	20	20	21	21	21	27	28	28	28	29	29
40	16	16	17	17	18	18	18	19	19	20	20	20	21	21	22	22	28	28	29	29	30	30
41	16	17	17	18	18	18	19	19	20	20	21	21	21	22	22	23	29	29	30	30	30	31
42	17	17	18	18	18	19	19	20	20	21	21	21	22	22	23	23	29	30	30	31	31	32
43	17	18	18	18	19	19	20	20	21	21	22	22	22	23	23	24	30	31	31	31	32	32
44	18	18	18	19	19	20	20	21	21	22	22	22	23	23	24	24	31	31	32	32	33	33
45	18	18	19	19	20	20	21	21	22	22	23	23	23	24	24	25	32	32	32	33	33	34
46	18	19	19	20	20	21	21	22	22	23	23	23	24	24	25	25	32	32	33	34	34	35
47	19	19	20	20	21	21	22	22	23	23	24	24	24	25	25	26	33	33	34	34	35	35
48	19	20	20	21	21	22	22	23	23	24	24	24	25	25	26	26	34	34	35	35	36	36
49	20	20	21	21	22	22	23	23	24	24	25	25	25	26	26	27	34	35	35	36	36	37
50	20	21	21	22	22	23	23	24	24	25	25	26	26	27	27	28	35	36	36	37	37	38
51	20	21	21	22	22	23	23	24	24	25	26	26	27	27	28	28	36	36	37	37	38	38
52	21	21	22	22	23	23	24	24	25	25	26	27	27	28	28	29	36	37	37	38	38	39
53	21	22	22	23	23	24	24	25	25	26	27	27	28	28	29	29	37	38	38	39	39	40
54	22	22	23	23	24	24	25	25	26	26	27	28	28	29	29	30	38	38	39	39	40	41
55	22	23	23	24	24	25	25	26	26	27	28	28	29	29	30	30	39	39	40	40	41	41
56	22	23	24	24	25	25	26	26	27	27	28	29	29	30	30	31	39	40	40	41	41	42
57	23	23	24	25	25	26	26	27	27	28	29	29	30	30	30	31	40	40	41	42	42	43
58	23	24	24	25	26	26	27	27	28	28	29	30	30	31	31	32	41	41	42	42	43	44
59	24	24	25	25	26	27	27	28	28	29	30	30	31	31	31	32	41	42	42	43	44	44
60	24	25	25	26	26	27	28	28	29	29	30	31	31	32	32	33	42	43	43	44	44	45
61	24	25	26	26	27	27	28	29	29	30	31	31	32	32	33	34	43	43	44	45	45	46
62	25	25	26	27	27	28	29	29	30	30	31	32	32	33	33	34	43	44	45	45	46	47
63	25	26	26	27	28	28	29	30	30	31	32	32	33	33	34	35	44	45	45	46	47	47
64	25	26	27	28	28	29	29	30	31	31	32	33	33	34	35	35	45	45	46	47	47	48
65	26	27	27	28	29	29	30	31	31	32	33	33	34	34	35	36	46	46	47	47	48	49

NOMBRE de litres de liquides spiri-tueux.	NOMBRE DE LITRES D'ALCOOL PUR AUX DEGRÉS CENTÉSIMAUX DE																					
	40	41	42	43	44	45	46	47	48	49	50	51	52	53	54	55	70	71	72	73	74	75
66	26	27	28	28	29	30	30	31	32	32	33	34	34	35	36	36	46	47	48	48	49	50
67	27	27	28	29	29	30	31	31	32	33	34	34	35	36	36	37	47	48	48	49	50	50
68	27	28	29	29	30	31	31	32	33	33	34	35	35	36	37	37	48	48	49	50	50	51
69	28	28	29	30	30	31	32	32	33	34	35	35	36	37	37	38	48	49	50	50	51	52
70	28	29	29	30	31	32	32	33	34	34	35	36	36	37	38	39	49	50	50	51	52	53
71	28	29	30	31	31	32	33	33	34	35	36	36	37	38	38	39	50	50	51	52	53	53
72	29	30	30	31	32	32	33	34	35	35	36	37	37	38	39	40	50	51	52	53	53	54
73	29	30	31	31	32	33	34	34	35	36	37	37	38	39	39	40	51	52	53	53	54	55
74	30	30	31	32	33	33	34	35	36	36	37	38	38	39	40	41	52	53	53	54	55	56
75	30	31	32	32	33	34	35	35	36	37	38	38	39	40	41	41	53	53	54	55	56	56
76	30	31	32	33	33	34	35	36	36	37	38	39	40	40	41	42	53	54	55	55	56	57
77	31	32	32	33	34	35	35	36	37	38	39	39	40	41	42	42	54	55	55	56	57	58
78	31	32	33	34	34	35	36	37	37	38	39	40	41	41	42	43	55	55	56	57	58	59
79	32	32	33	34	35	36	36	37	38	39	40	40	41	42	43	43	55	56	57	58	58	59
80	32	33	34	34	35	36	37	38	38	39	40	41	42	42	43	44	56	57	58	58	59	60
81	32	33	34	35	36	36	37	38	39	40	41	41	42	43	44	45	57	58	58	59	60	61
82	33	34	34	35	36	37	38	39	39	40	41	42	43	43	44	45	57	58	59	60	61	62
83	33	34	35	36	37	37	38	39	40	41	42	42	43	44	45	46	58	59	60	61	61	62
84	34	34	35	36	37	38	39	39	40	41	42	43	44	45	45	46	59	60	60	61	62	63
85	34	35	36	37	37	38	39	40	41	42	43	43	44	45	46	47	60	60	61	62	63	64
86	34	35	36	37	38	39	40	40	41	42	43	44	45	46	46	47	60	61	62	63	64	65
87	35	36	37	37	38	39	40	41	42	43	44	44	45	46	47	48	61	62	63	64	64	65
88	35	36	37	38	39	40	40	41	42	43	44	45	46	47	48	48	62	62	63	64	65	66
89	36	36	37	38	39	40	41	42	43	44	45	45	46	47	48	49	62	63	64	65	66	67
90	36	37	38	39	40	41	41	42	43	44	45	46	47	48	49	50	63	64	65	66	67	68
91	36	37	38	39	40	41	42	43	44	45	46	46	47	48	49	50	64	65	66	66	67	68
92	37	38	39	40	40	41	42	43	44	45	46	47	48	49	50	51	64	65	66	67	68	69
93	37	38	39	40	41	42	43	44	45	46	47	47	48	49	50	51	65	66	67	68	69	70
94	38	39	39	40	41	42	43	44	45	46	47	48	49	50	51	52	66	67	68	69	70	71
95	38	39	40	41	42	43	44	45	46	47	48	48	49	50	51	52	67	67	68	69	70	71
96	38	39	40	41	42	43	44	45	46	47	48	49	50	51	52	53	67	68	69	70	71	72
97	39	40	41	42	43	44	45	46	47	48	49	49	50	51	52	53	68	69	70	71	72	73
98	39	40	41	42	43	44	45	46	47	48	49	50	51	52	53	54	69	70	71	72	73	74
99	40	41	42	43	44	45	46	47	48	49	50	50	51	52	53	54	69	70	71	72	73	74
100	40	41	42	43	44	45	46	47	48	49	50	51	52	53	54	55	70	71	72	73	74	75
101	40	41	42	43	44	45	46	47	48	49	51	52	53	54	55	56	71	72	73	74	75	76
102	41	42	43	44	45	46	47	48	49	50	51	52	53	54	55	56	71	72	73	74	75	77
103	41	42	43	44	45	46	47	48	49	50	52	53	54	55	56	57	72	73	74	75	76	77
104	42	43	44	45	46	47	48	49	50	51	52	53	54	55	56	57	73	74	75	76	77	78
105	42	43	44	45	46	47	48	49	50	51	53	54	55	56	57	58	74	75	76	77	78	79
106	42	43	45	46	47	48	49	50	51	52	53	54	55	56	57	58	74	75	76	77	78	80
107	43	44	45	46	47	48	49	50	51	52	54	55	56	57	58	59	75	76	77	78	79	80
108	43	44	45	46	48	49	50	51	52	53	54	55	56	57	58	59	76	77	78	79	80	81
109	44	45	46	47	48	49	50	51	52	53	55	56	57	58	59	60	76	77	78	80	81	82
110	44	45	46	47	48	50	51	52	53	54	55	56	57	58	59	61	77	78	79	80	81	83
111	44	46	47	48	49	50	51	52	53	54	56	57	58	59	60	61	78	79	80	81	82	83

NOMBRE de litres de liquides spiritueux.	NOMBRE DE LITRES D'ALCOOL PUR AUX DEGRÉS CENTÉSIMAUX DE																					
	40	41	42	43	44	45	46	47	48	49	50	51	52	53	54	55	70	71	72	73	74	75
112	45	46	47	48	49	50	52	55	54	55	56	57	58	59	60	62	78	80	81	82	85	84
113	45	46	47	49	50	51	52	53	54	55	57	58	59	60	61	62	79	80	81	82	84	85
114	46	47	48	49	50	51	52	54	55	56	57	58	59	60	62	65	80	81	82	85	84	86
115	46	47	48	49	51	52	53	54	55	56	58	59	60	61	62	63	81	82	85	84	85	86
116	46	48	49	50	51	52	53	55	56	57	58	59	60	61	63	64	81	82	84	85	86	87
117	47	48	49	50	51	53	54	55	56	57	59	60	61	62	65	64	82	85	84	85	87	88
118	47	48	50	51	52	55	54	55	57	58	59	60	61	63	64	65	85	84	85	86	87	89
119	48	49	50	51	52	54	55	56	57	58	60	61	62	65	64	65	85	84	86	87	88	89
120	48	49	50	52	53	54	55	56	58	59	60	61	62	64	65	66	84	85	86	88	89	90

MOUILLAGE DES LIQUIDES SPIRITUEUX.

Pour le mouillage des liquides spiritueux, on peut avoir :

1º A affaiblir un liquide spiritueux au moyen d'un mélange d'eau ou d'un autre liquide spiritueux.

Dans le premier cas, il faut multiplier le volume de l'esprit donné par le plus fort degré, et diviser par le plus faible.

Exemple : Soit 100 litres d'esprit à 90 degrés à réduire à 50 degrés en y ajoutant de l'eau.

On multiplie 100 litres par 90 et on divise ce produit par 50, ce qui donne 180 litres. On retranche de ces 180 litres les 100 litres d'esprit, on trouve qu'il faut ajouter 80 litres d'eau.

Il faut remarquer qu'au moment où l'alcool se combine avec l'eau, il se produit de la chaleur, et que le volume du mélange est moindre que le volume des deux liquides réunis. De plus, la pureté de l'eau influe beaucoup sur les résultats, et les négociants expérimentés ont soin de n'employer que des eaux prises sous la vanne d'un moulin (eau battue) ou des eaux pluviales préparées à l'avance, ce qui augmente ordinairement le degré de 2 p. 0/0.

Dans le second cas, il s'agit d'une règle d'alliage qui approche à 1/26 près ; il faut multiplier la différence du plus fort degré au moyen, par le volume de l'esprit donné, et diviser par la différence du degré moyen au plus faible, pour obtenir le volume de l'esprit au degré le plus faible.

EXEMPLE : On a 100 litres à 90 degrés, on veut en faire du 50 degrés avec du 40 degrés ;

Est égal à $100 \times \dfrac{90-50}{50-40} = 100 \times \dfrac{40}{10} = 400$ litres à 40 degrés, à ajouter aux 100 litres à 90 degrés pour avoir de l'eau-de-vie à 50 degrés.

En effet, 100 litres à 90 degrés égalent 90 litres d'alcool ; 400 litres à 40 degrés égalent 160 litres d'alcool pur ; 160 et 90 litres d'alcool égalent 250 litres d'alcool, comme 500 litres à 50 degrés donnent 250 litres d'alcool pur.

Si l'on veut connaître le volume réel, il faut ajouter 1/26 pour la contraction ; car la contraction ou la dilatation ne se produisent pas seulement sur le degré des spiritueux, mais encore, dans une certaine proportion, sur le volume.

Si l'on avait à remonter le degré le plus faible avec un degré plus élevé, on ferait l'opération inverse :

On aurait : $400 \times \dfrac{50-40}{90-50} = 400 \times \dfrac{10}{40} = 100$ litres à 90 degrés à ajouter aux 400 litres à 40 degrés.

2° On peut avoir à obtenir, avec un esprit d'un degré connu, un volume donné d'un autre liquide à un degré plus faible.

Pour trouver la quantité d'esprit qu'il faut prendre, multipliez ce volume donné par le plus petit degré, et divisez le produit par le plus fort degré.

EXEMPLE : On veut faire 100 litres d'eau-de-vie à 48 degrés avec de l'esprit à 86 degrés, combien faut-il prendre de litres d'esprit ?

On a : $100 \times \dfrac{48}{86} = 55$ litres 8 d'esprit à 86 degrés.

100 multiplié par 48, égale 4,800 ; 4,800 divisé par 86, égale 55S ou un peu plus de 55 litres.

3° Si l'on veut faire un volume donné, d'un spiritueux à un degré connu, avec deux autres spiritueux, l'un à un degré plus faible, l'autre à un degré plus élevé que le premier, on trouvera :

1° Le volume de l'esprit au degré le plus élevé en multipliant le volume donné de l'eau-de-vie qu'on veut obtenir par la différence du degré moyen au plus petit, et en divisant ce produit par la différence du degré le plus élevé au plus petit ;

2° Le volume du spiritueux au degré le plus faible, en prenant la différence du volume donné à celui que l'on vient de trouver.

Exemple : On veut faire 400 litres à 50 degrés avec du 40 degrés et du 90 degrés.

Le volume de l'esprit au degré le plus élevé est égal à $400 \times \frac{50-40}{90-40} = 400 \times \frac{10}{50} = 80$ litres.

Le volume de l'esprit le plus faible est égal à $400-80 = 320$ litres.

En effet, 80 à 90 égalent 72 litres d'alcool pur ; 320 à 40 degrés égalent 128 ; 128 litres et 72 litres égalent 200 litres d'alcool ; comme 400 litres d'eau-de-vie à 50 degrés égalent 200 litres d'alcool pur.

4° Pour connaître le degré qu'aurait un mélange composé de 320 litres à 55 degrés, de 180 litres à 85 degrés, et de 200 litres à 70 degrés.

Multipliez chacune de ces quantités, comme il suit :

        320 litres par 55 degrés donnent...... 176 litres d'alcool.
        180 litres par 85 degrés donnent...... 153   —   —
        200 litres par 70 degrés donnent...... 140   —   —

Total.. 700 litres, à divers degrés, donnent.... 469 litres d'alcool pur.

Divisez le total d'alcool pur, 469 litres, par 700 litres ; le quotient 67 indique le degré du mélange.

Les débitants non rédimés ne peuvent faire de mouillage ou coupage hors la présence des employés.

Le débitant qui transvase de l'eau-de-vie en bouteilles paye sur son eau-de-vie comme sur des liqueurs ou de l'alcool pur.

Chaque bouteille est comptée comme un litre.

Si les débitants fabriquent des fruits à l'eau-de-vie, on leur donne décharge de l'eau-de-vie employée à cette fabrication, et les bocaux sont pris en charge pour ce qu'ils contiennent réellement, liquide et fruits compris.

Il en est de même des infusions où il entre de l'alcool.

Le vulnéraire et l'eau-de-vie camphrée ne sont pas assujettis aux droits.

Un débitant qui n'a pas fait de déclaration restrictive ne peut s'opposer à l'exercice de certains fûts, sous prétexte qu'ils sont pour sa consommation personnelle ; mais le débitant qui a déclaré ne vouloir vendre qu'une espèce de boissons n'est pas tenu de déclarer un prix de vente pour celles d'une autre espèce, qu'il a déclaré conserver pour sa consommation particulière. Il doit les faire venir chez lui par congé et elles sont prises en charge et exercées pour mémoire.

Les débitants doivent justifier du payement du droit d'entrée sur les vendanges, lorsqu'il s'agit d'un lieu sujet.

Ceux qui veulent fabriquer du vin avec de la vendange, sont tenus d'en faire la déclaration au bureau de la régie.

Ces vins sont pris en charge au fur et à mesure de leur fabrication.

Ce sont les quantités réellement fabriquées qui sont prises en charge au compte du débitant.

Il en est de même pour la fabrication du cidre.

Les débitants peuvent obtenir la décharge de boissons perdues ou gâtées, lorsque la constatation en est faite par les employés.

Pour constater une perte, si le domicile des employés était trop éloigné, le débitant peut appeler le maire ou son adjoint, qui dresserait procès-verbal de sa constatation. Si un receveur buraliste habite la commune, il devra accompagner ces autorités.

Pour obtenir décharge de vin gâté, si le débitant désire le conserver, il doit y laisser mettre, par les employés, au moins 5 p. 0/0 de vinaigre et leur fournir ce vinaigre.

Dans le cas contraire, il doit verser ce vin gâté sur le fumier, et en présence des employés.

Le débitant n'est pas obligé de vider ses baissières; mais il ne peut les clarifier sans être en contravention, en ce sens que les employés peuvent considérer les baissières clarifiées comme vins nouvellement introduits sans expédition.

Les débitants ne peuvent recevoir dans leurs cours des voitures chargées de boissons non accompagnées d'expéditions, sans en faire la déclaration. (Arrêt du 30 janvier 1807.)

Toute boisson trouvée chez un débitant est réputée lui appartenir.

Les débitants ne peuvent avoir, à moins d'une autorisation spéciale, de boissons en vaisseaux d'une contenance au-dessous de l'hectolitre.

L'administration de la régie autorise l'usage des vaisseaux inférieurs à l'hectolitre pour les spiritueux.

En caisse, ils peuvent recevoir 25 bouteilles de vin et toute quantité d'alcool.

Ils ne peuvent mettre en perce des fûts supérieurs à 5 hectolitres. La régie tolère ce fait.

Ils ne peuvent avoir plus de trois fûts de même espèce en vente à la fois. La régie tolère. (Circ. 436.)

La substitution de bouteilles vides à des bouteilles pleines ne constitue pas le débitant en contravention ; les employés se bornent à tirer en produit les bouteilles manquantes.

Il n'en serait pas de même si le débitant y substituait des bouteilles d'eau ou de tout autre liquide ; il s'exposerait à une amende de 50 à 300 francs.

Le débitants ne peuvent faire de vente en gros dans des fûts inférieurs à 1 hectolitre, et en paniers au-dessous de 25 bouteilles. L'enlèvement doit être fait en présence des employés, qui doivent démarquer les fûts vendus.

Les débitants ne doivent enlever aucun fût vide, sans qu'il soit démarqué.

Un débitant ne peut avoir qu'un seul râpé de raisin de 3 hectolitres au plus, pourvu qu'il ait en cave au moins 30 hectolitres de vin.

Ils ne peuvent verser de vin sur ce râpé hors la présence des employés.

Les râpés faits avec de l'eau jetée sur de simples marcs sont exempts de droits.

Les râpés de copeaux ou de paille sont interdits.

Les registres portatifs des employés doivent être cotés et parafés par un juge de paix ; l'absence de cette formalité rendrait leurs actes nuls.

Les actes des employés, quand ils sont réguliers, font foi en justice jusqu'à inscription de faux.

Les débitants ont le droit de demander que la rédaction des actes des employés ait lieu sur place ; ils peuvent en demander la lecture, les signer et en recevoir copie.

Les débitants qui ont un registre coté et parafé par le juge de paix, peuvent exiger que les employés y consignent le résultat de leurs opérations.

DÉCOMPTES.

Nous allons donner la marche à suivre pour établir soi-même les décomptes de chacun des droits que les débitants peuvent avoir à acquitter.

Circulation.

Supposons que l'on ait à expédier à un simple particulier d'un département de 4e classe, ou bien qu'on ait à arrêter le compte d'un débitant de ce département et qu'il lui reste une quantité de 9 hectolitres 70 litres de vin, le droit sera perçu à raison de 1 fr. 20 c. l'hectolitre, ainsi qu'on le voit page 10, ce qui donne 11 fr. 64 c., en multipliant 970 litres par 1 fr. 20 c. On ajoute à 11 fr. 64 c. le décime, qui est 1 fr. 17 c. (lorsque le dernier chiffre n'est pas un zéro, on force de 1 centime), ce qui donne 12 fr. 81 c.

Aujourd'hui, à cause du double décime, il faut encore ajouter 1 fr. 17 c. à 12 fr. 81 c., ce qui porte le droit à 13 fr. 98 c.

Consommation.

Le droit de consommation ne s'établit pas sur les quantités d'eau-de-vie, mais bien sur les quantités d'alcool qu'elles renferment.

Pour la réduction des eaux-de-vie en alcool, selon leur degré, voir ce qui est dit page 44.

Un fois que l'on connaît la quantité d'alcool pur sur laquelle on a à payer le droit, il est facile de le trouver, sachant qu'il est de 50 francs par hectolitre d'alcool, plus le décime, ou le double décime s'il est toujours perçu.

Soit : 225 litres d'alcool pur.

On multiplie 225 par 50, ce qui donne 112 fr. 50 c., avec le décime 123 fr. 75 c., et avec le double décime 145 francs.

Voici un tableau qui donne le droit à payer sur des quantités de 1 à 100 litres d'alcol, avec déduction de 3 p. 0/0 ou sans déduction pour les débitants rédimés, avec simple et double décime. (Le double décime n'étant que transitoire, nous avons cru devoir donner le droit avec simple et double décime.)

DROIT DE CONSOMMATION à raison de 50 fr. l'hectolitre d'alcool pur.

NOMBRE DE LITRES D'ALCOOL.	DROIT — AVEC DÉDUCTION de 3 p. %, avec simple décime.	DROIT — AVEC DÉDUCTION de 3 p. %, avec double décime.	DROIT — SANS DÉDUCTION de 3 p. %, avec simple décime.	DROIT — SANS DÉDUCTION de 3 p. %, avec double décime.	NOMBRE DE LITRES D'ALCOOL.	DROIT — AVEC DÉDUCTION de 3 p. %, avec simple décime.	DROIT — AVEC DÉDUCTION de 3 p. %, avec double décime.	DROIT — SANS DÉDUCTION de 3 p. %, avec simple décime.	DROIT — SANS DÉDUCTION de 3 p. %, avec double décime.
	fr. c.	fr. c.	fr. c.	fr. c.		fr. c.	fr. c.	fr. c.	fr. c.
1	» 54	» 59	» 55	» 60	51	27 22	29 70	28 05	30 60
2	1 07	1 17	1 10	1 20	52	27 75	30 28	28 60	31 20
3	1 61	1 76	1 65	1 80	53	28 29	30 87	29 15	31 80
4	2 14	2 34	2 20	2 40	54	28 81	31 45	29 70	32 40
5	2 68	2 95	2 75	3 00	55	29 35	32 02	30 25	33 00
6	3 21	3 51	3 30	3 60	56	29 88	32 60	30 80	33 60
7	3 74	4 08	3 85	4 20	57	30 42	33 19	31 35	34 20
8	4 27	4 66	4 40	4 80	58	30 95	33 77	31 90	34 80
9	4 81	5 25	4 95	5 40	59	31 49	34 36	32 45	35 40
10	5 34	5 83	5 50	6 00	60	32 01	34 92	33 00	36 00
11	5 88	6 42	6 05	6 60	61	32 55	35 51	33 55	36 60
12	6 41	7 00	6 60	7 20	62	33 08	36 09	34 10	37 20
13	6 95	7 59	7 15	7 80	63	33 62	36 68	34 65	37 80
14	7 47	8 15	7 70	8 40	64	34 15	37 26	35 20	38 40
15	8 01	8 74	8 25	9 00	65	34 69	37 85	35 75	39 00
16	8 54	9 52	8 80	9 60	66	35 22	38 43	36 30	39 60
17	9 08	9 91	9 35	10 20	67	35 75	39 00	36 85	40 20
18	9 61	10 49	9 90	10 80	68	36 28	39 58	37 40	40 80
19	10 15	11 08	10 45	11 40	69	36 82	40 17	37 95	41 40
20	10 67	11 64	11 00	12 »	70	37 35	40 75	38 50	42 00
21	11 21	12 23	11 55	12 60	71	37 89	41 34	39 05	42 60
22	11 74	12 81	12 10	13 20	72	38 42	41 92	39 60	43 20
23	12 28	13 40	12 65	13 80	73	38 96	42 51	40 15	43 80
24	12 81	13 98	13 20	14 40	74	39 48	43 07	40 70	44 40
25	13 35	14 57	13 75	15 00	75	40 02	43 66	41 25	45 00
26	13 88	15 15	14 30	15 60	76	40 55	44 24	41 80	45 60
27	14 41	15 72	14 85	16 20	77	41 09	44 83	42 35	46 20
28	14 94	16 30	15 40	16 80	78	41 62	45 41	42 90	46 80
29	15 48	16 89	15 95	17 40	79	42 16	46 00	43 45	47 40
30	16 01	17 47	16 50	18 00	80	42 68	46 56	44 00	48 00
31	16 55	18 08	17 05	18 60	81	43 22	47 15	44 55	48 60
32	17 08	18 64	17 60	19 20	82	43 75	47 73	45 10	49 20
33	17 62	19 25	18 15	19 80	83	44 29	48 32	45 65	49 80
34	18 14	19 79	18 70	20 40	84	44 82	48 90	46 20	50 40
35	18 64	20 38	19 25	21 00	85	45 36	49 49	46 75	51 00
36	19 21	20 96	19 80	21 60	86	45 89	50 07	47 30	51 60
37	19 75	21 55	20 35	22 20	87	46 42	50 64	47 85	52 20
38	20 28	22 15	20 90	22 80	88	46 95	51 22	48 40	52 80
39	20 82	22 72	21 45	23 40	89	47 49	51 81	48 95	53 40
40	21 34	23 28	22 00	24 00	90	48 02	52 39	49 50	54 00
41	21 88	23 87	22 55	24 60	91	48 56	52 98	50 05	54 60
42	22 41	24 45	23 10	25 20	92	49 09	53 56	50 60	55 20
43	22 95	25 04	23 65	25 80	93	49 63	54 15	51 15	55 80
44	23 48	25 62	24 20	26 40	94	50 13	54 71	51 70	56 40
45	24 02	26 21	24 75	27 00	95	50 69	55 30	52 25	57 00
46	24 55	26 79	25 30	27 60	96	51 22	55 88	52 80	57 60
47	25 08	27 36	25 85	28 20	97	51 76	56 47	53 35	58 20
48	25 61	27 94	26 40	28 80	98	52 29	57 05	53 90	58 80
49	26 15	28 53	26 95	29 40	99	52 83	57 64	54 45	59 40
50	26 68	29 11	27 50	30 00	100	53 35	58 20	55 00	60 00

La reproduction de ce tableau est réservée.

Entrée.

Le droit d'entrée est proportionné à la population de la ville et de plus à la classe du département.

Admettons qu'un débitant d'une ville de 18,000 habitants et d'un département de 3ᵉ classe veuille faire entrer chez lui 8 hectolitres 40 litres de vin.

Le droit, dans une ville de cette importance, est, ainsi qu'on le voit page 23, de 1 fr. 25 centimes par hectolitre; il faut donc multiplier les 8 hectolitres 40 litres par 1 fr. 25 centimes, ce qui donne pour produit 10 francs 50 centimes; on y ajoute le décime, 1 fr. 05 c., ce qui porte le droit à 11 fr. 55 c.

Aujourd'hui, il faut encore ajouter le double décime, soit 12 fr. 60 c. pour total du droit.

Détail.

Supposons qu'un débitant ait vendu pendant un trimestre, savoir : 420 litres de vin à 50 centimes le litre, 210 litres à 55 centimes, 340 litres à 60 centimes, 615 litres à 70 centimes, 35 bouteilles à 1 franc l'une; de plus 560 litres de cidre à 20 centimes le litre, et 75 litres d'alcool pur.

On aura : 420 litres multipliés par 50 centimes donnent 210 fr. 00 c.

210	—	55	—	115	50
340	—	60	—	204	00
615	—	70	—	430	50
35	—	1 fr.	—	35	00

995 fr. 00 c.

560 lit. de cidre mult. par 20 centimes donnent 112   00

Total des valeurs......... 1,107 fr. 00 c.

On prend 15 pour cent sur 1,107 fr. 00 c., valeur des vins et des cidres, ce qui donne (1)............................... 166 fr. 05 c.

Il faut ajouter pour les 75 litres d'alcool à 50 francs   37   50

Total général des droits... 203 fr. 55 c.

____

(1) Le 15 pour cent s'obtient, soit en multipliant la valeur par 15, soit en prenant le décime de cette valeur plus la moitié de ce décime.

Report du total général des droits.... 203 fr. 55 c.

Il faut en déduire 3 pour cent pour coulage et consommation personnelle 6   10

Reste dû en principal............ 197 fr. 45 c.
On y ajoute le décime........... 19   75

Total à payer.......... 217 fr. 20 c.

Ce chiffre doit être augmenté d'un second décime,
19 fr. 75 c., si le double décime est maintenu 19   75

Le total à payer serait.......... 236 fr. 95 c.

Nous donnons, d'autre part, un tableau qui indique le droit de 15 p. 0/0 sur la valeur des vins, cidres, poirés et hydromels, déduction faite du 3 p. 0/0, depuis 10 centimes le litre jusqu'à 1 franc le litre, dû sur chaque contenance des principales jauges de France. Nous donnons ce droit avec simple et avec double décime, afin que ce tableau puisse servir lors de la suppression du double décime.

DROIT DE 15 P. 0/0 SUR LA VALEUR DES VINS, CIDRES, POIRÉS ET HYDROMELS, DÉDUCTION FAITE DU 3 P. 0/0, VENDUS A

Page 56 (left half)

Nombre de litres	0 fr. 10 c. le litre		0 fr. 15 c. le litre		0 fr. 20 c. le litre		0 fr. 25 c. le litre		0 fr. 30 c. le litre		0 fr. 35 c. le litre		0 fr. 40 c. le litre		0 fr. 45 c. le litre		0 fr. 50 c. le litre		0 fr. 55 c. le litre	
	avec 1 déc.	2 déc.	1 déc.	2 déc.	1 déc.	2 déc.	1 déc.	2 déc.	1 déc.	2 déc.	1 déc.	2 déc.	1 déc.	2 déc.	1 déc.	2 déc.	1 déc.	2 déc.	1 déc.	2 déc.
h. l.	fr. c.	fr. c.	fr. c.	fr. c.	fr. c.	fr. c.	fr. c.	fr. c.	fr. c.	fr. c.	fr. c.	fr. c.	fr. c.	fr. c.	fr. c.	fr. c.	fr. c.	fr. c.	fr. c.	fr. c.
1.00	1 64	1 76	2 41	2 67	3 21	3 51	4 01	4 36	4 81	5 25	5 61	6 12	6 41	7 01	7 21	7 87	8 01	8 74	8 82	9 63
2.00	3 21	3 51	4 81	5 25	6 41	7 01	8 01	8 74	9 61	10 19	11 21	12 21	12 81	13 94	14 41	15 72	16 01	17 47	17 08	19 23
3.00	4 81	5 25	7 24	7 87	9 61	10 59	12 02	13 12	14 10	15 72	16 81	18 35	19 21	20 96	21 62	23 [illegible]	24 02	26 21	[illegible]	28 83
4.00	6 41	7 [illegible]	9 61	10 49	12 81	13 98	16 01	17 47	19 21	20 93	22 41	24 [illegible]	25 61	27 95	28 81	30 43	31 31	34 [illegible]	35 22	34 43
5.00	8 01	8 74	12 02	13 12	16 01	17 47	20 04	21 83	[illegible]	25 21	[illegible]	[illegible]	[illegible]	[illegible]	[illegible]	[illegible]	[illegible]	[illegible]	44 03	14 04
6.00	9 61	10 49	[illegible]	15 79	19 21	20 96	[illegible]	[illegible]	[illegible]	[illegible]	[illegible]	[illegible]	[illegible]	[illegible]	[illegible]	[illegible]	52 83	57 01	[illegible]	[illegible]
7.00	11 21	12 23	16 81	[illegible]	22 41	[illegible]	28 02	[illegible]	[illegible]	[illegible]	[illegible]	42 79	[illegible]	[illegible]	[illegible]	[illegible]	63 67	21 [illegible]	[illegible]	[illegible]
8.00	12 81	13 98	19 21	20 95	[illegible]	[illegible]	[illegible]	[illegible]	[illegible]	[illegible]	[illegible]	[illegible]	[illegible]	[illegible]	[illegible]	[illegible]	70 43	76 81	[illegible]	[illegible]
9.00	14 41	15 72	21 62	24 59	28 81	31 43	[illegible]	[illegible]	[illegible]	[illegible]	[illegible]	[illegible]	[illegible]	[illegible]	[illegible]	[illegible]	79 24	86 45	[illegible]	[illegible]
10.00	16 01	17 47	[illegible]	[illegible]	[illegible]	[illegible]	[illegible]	[illegible]	[illegible]	[illegible]	[illegible]	[illegible]	[illegible]	[illegible]	[illegible]	[illegible]	[illegible]	[illegible]	[illegible]	[illegible]
1.05	1 71	1 87	2 56	2 80	3 40	3 71	[illegible]	[illegible]	[illegible]	[illegible]	[illegible]	[illegible]	[illegible]	[illegible]	[illegible]	[illegible]	9 31	10 19	[illegible]	[illegible]
1.10	1 78	1 94	2 66	2 91	3 54	3 87	[illegible]	[illegible]	[illegible]	[illegible]	[illegible]	[illegible]	[illegible]	[illegible]	[illegible]	[illegible]	9 70	10 59	[illegible]	[illegible]
1.15	1 83	2 [illegible]	2 75	3 [illegible]	3 66	4 [illegible]	[illegible]	[illegible]	[illegible]	[illegible]	[illegible]	[illegible]	[illegible]	[illegible]	[illegible]	[illegible]	[illegible]	[illegible]	[illegible]	[illegible]
1.15	1 85	2 02	2 78	3 01	3 69	4 02	[illegible]	[illegible]	[illegible]	[illegible]	[illegible]	[illegible]	9 22	10 06	[illegible]	11 07	[illegible]	[illegible]	[illegible]	[illegible]
1.14	1 90	2 08	2 83	3 11	3 79	4 15	[illegible]	[illegible]	[illegible]	[illegible]	[illegible]	[illegible]	[illegible]	[illegible]	[illegible]	[illegible]	[illegible]	[illegible]	[illegible]	[illegible]
1.20	1 93	2 11	2 89	3 16	[illegible]	[illegible]	[illegible]	[illegible]	[illegible]	[illegible]	[illegible]	[illegible]	9 61	10 49	[illegible]	[illegible]	[illegible]	[illegible]	[illegible]	[illegible]
1.35	2 18	2 38	3 27	3 [illegible]	[illegible]	[illegible]	[illegible]	[illegible]	[illegible]	[illegible]	[illegible]	[illegible]	[illegible]	[illegible]	[illegible]	[illegible]	[illegible]	[illegible]	[illegible]	[illegible]
1.50	2 45	2 16	3 [illegible]	3 [illegible]	[illegible]	[illegible]	[illegible]	[illegible]	[illegible]	[illegible]	[illegible]	[illegible]	[illegible]	[illegible]	[illegible]	[illegible]	[illegible]	[illegible]	[illegible]	[illegible]
2.00	3 51	3 87	[illegible]	[illegible]	[illegible]	[illegible]	[illegible]	[illegible]	[illegible]	[illegible]	[illegible]	[illegible]	[illegible]	[illegible]	[illegible]	[illegible]	19 28	21 13	[illegible]	[illegible]
2.25	3 61	3 94	[illegible]	[illegible]	[illegible]	[illegible]	[illegible]	[illegible]	[illegible]	[illegible]	[illegible]	[illegible]	[illegible]	[illegible]	[illegible]	[illegible]	21 87	21 64	[illegible]	[illegible]
2.28	3 66	4 [illegible]	[illegible]	[illegible]	[illegible]	[illegible]	[illegible]	[illegible]	[illegible]	[illegible]	[illegible]	[illegible]	[illegible]	[illegible]	[illegible]	[illegible]	20 09	21 01	[illegible]	[illegible]
2.30	3 69	4 01	4 22	[illegible]	[illegible]	[illegible]	[illegible]	[illegible]	[illegible]	[illegible]	[illegible]	[illegible]	[illegible]	[illegible]	[illegible]	[illegible]	20 27	22 12	[illegible]	[illegible]
2.35	3 79	4 14	[illegible]	[illegible]	[illegible]	[illegible]	[illegible]	[illegible]	[illegible]	[illegible]	[illegible]	[illegible]	[illegible]	[illegible]	[illegible]	[illegible]	20 78	22 67	[illegible]	[illegible]
2.40	3 85	4 20	[illegible]	[illegible]	[illegible]	[illegible]	[illegible]	[illegible]	[illegible]	[illegible]	[illegible]	[illegible]	[illegible]	[illegible]	[illegible]	[illegible]	21 23	23 07	[illegible]	[illegible]
2.45	3 93	4 29	[illegible]	[illegible]	[illegible]	[illegible]	[illegible]	[illegible]	[illegible]	[illegible]	[illegible]	[illegible]	[illegible]	[illegible]	[illegible]	[illegible]	21 59	23 56	[illegible]	[illegible]
2.50	4 01	4 38	6 02	6 57	[illegible]	[illegible]	[illegible]	[illegible]	[illegible]	[illegible]	[illegible]	[illegible]	[illegible]	[illegible]	[illegible]	[illegible]	[illegible]	[illegible]	[illegible]	[illegible]
2.85	4 58	5 [illegible]	6 85	7 48	[illegible]	[illegible]	[illegible]	[illegible]	[illegible]	[illegible]	[illegible]	[illegible]	[illegible]	[illegible]	[illegible]	[illegible]	[illegible]	[illegible]	[illegible]	[illegible]
3.25	5 22	5 70	7 83	8 [illegible]	[illegible]	[illegible]	[illegible]	[illegible]	[illegible]	[illegible]	[illegible]	[illegible]	[illegible]	[illegible]	[illegible]	[illegible]	31 24	27 50	[illegible]	[illegible]
3.50	5 61	6 12	[illegible]	[illegible]	[illegible]	[illegible]	[illegible]	[illegible]	[illegible]	[illegible]	[illegible]	[illegible]	[illegible]	[illegible]	[illegible]	[illegible]	33 01	33 64	[illegible]	[illegible]
3.65	5 86	6 40	[illegible]	[illegible]	[illegible]	[illegible]	[illegible]	[illegible]	[illegible]	[illegible]	[illegible]	[illegible]	[illegible]	[illegible]	[illegible]	[illegible]	33 44	14 29	[illegible]	[illegible]
4.50	7 37	8 01	[illegible]	[illegible]	[illegible]	[illegible]	[illegible]	[illegible]	[illegible]	[illegible]	[illegible]	[illegible]	[illegible]	[illegible]	[illegible]	[illegible]	40 67	43 65	[illegible]	[illegible]
5.10	8 18	8 93	[illegible]	[illegible]	[illegible]	[illegible]	[illegible]	[illegible]	[illegible]	[illegible]	[illegible]	[illegible]	[illegible]	[illegible]	[illegible]	[illegible]	[illegible]	[illegible]	[illegible]	[illegible]
5.30	8 70	9 28	[illegible]	[illegible]	[illegible]	[illegible]	[illegible]	[illegible]	[illegible]	[illegible]	[illegible]	[illegible]	[illegible]	[illegible]	[illegible]	[illegible]	47 31	[illegible]	[illegible]	[illegible]
5.60	8 97	9 79	[illegible]	[illegible]	[illegible]	[illegible]	[illegible]	[illegible]	[illegible]	[illegible]	[illegible]	[illegible]	[illegible]	[illegible]	[illegible]	[illegible]	31 33	38 50	[illegible]	[illegible]
6.20	9 94	10 53	[illegible]	[illegible]	[illegible]	[illegible]	[illegible]	[illegible]	[illegible]	[illegible]	[illegible]	[illegible]	[illegible]	[illegible]	[illegible]	[illegible]	[illegible]	39 36	[illegible]	[illegible]

Page 57 (right half)

Nombre de litres	0 fr. 60 c. le litre		0 fr. 65 c. le litre		0 fr. 70 c. le litre		0 fr. 75 c. le litre		0 fr. 80 c. le litre		0 fr. 85 c. le litre		0 fr. 90 c. le litre		0 fr. 95 c. le litre		1 fr. 0 c. le litre	
	avec 1 déc.	2 déc.	1 déc.	2 déc.	1 déc.	2 déc.	1 déc.	2 déc.	1 déc.	2 déc.	1 déc.	2 déc.	1 déc.	2 déc.	1 déc.	2 déc.	1 déc.	2 déc.
	fr. c.	fr. c.	fr. c.	fr. c.	fr. c.	fr. c.	fr. c.	fr. c.	fr. c.	fr. c.	fr. c.	fr. c.	fr. c.	fr. c.	fr. c.	fr. c.	fr. c.	fr. c.
1.00	9 61	10 19	10 41	11 30	11 21	12 21	12 02	13 12	12 81	13 98	13 61	14 85	14 41	15 73	15 22	16 61	16 01	17 47
2.00	19 21	20 90	20 42	21 72	22 41	23 43	24 02	26 21	25 61	27 04	27 22	29 70	28 81	31 53	30 42	31 19	31 35	34 20
3.00	28 81	31 43	31 22	34 06	33 62	36 08	36 02	39 30	38 42	44 92	40 83	44 55	54 22	47 43	43 63	49 77	48 03	53 39
4.00	38 42	41 92	41 62	45 44	44 82	48 50	48 02	72 30	51 22	55 88	51 12	59 27	37 67	64 86	60 89	66 35	61 05	69 84
5.00	48 02	52 30	52 02	56 14	56 03	64 13	65 03	64 49	61 12	66 8	65 07	74 22	72 02	76 56	76 01	82 96	80 03	87 31
6.00	57 02	63 43	62 43	68 11	67 23	73 33	72 03	78 56	76 83	83 82	81 61	89 07	86 41	91 28	91 33	99 34	96 03	104 70
7.00	67 23	73 33	72 41	70 47	78 43	85 36	83 64	91 57	89 62	97 34	95 24	103 90	100 84	110 01	106 14	116 12	112 04	122 23
8.00	76 83	83 82	83 21	90 80	89 63	97 78	95 03	101 76	102 51	111 76	108 82	116 74	113 24	125 72	121 64	132 70	128 04	139 68
9.00	86 43	94 20	93 04	102 10	100 81	110 01	108 03	117 85	115 21	125 72	123 45	173 30	122 63	134 41	136 80	140 34	144 05	157 43
10.00	[illegible]	[illegible]	[illegible]	[illegible]	[illegible]	[illegible]	[illegible]	[illegible]	[illegible]	[illegible]	[illegible]	[illegible]	[illegible]	[illegible]	[illegible]	[illegible]	[illegible]	[illegible]
1.05	10 10	11 04	11 03	12 05	11 83	12 86	12 74	13 90	13 82	14 57	13 98	16 07	14 13	17 60	15 34	17 04	17 03	18 53
1.10	10 28	11 55	11 56	12 51	12 41	13 47	13 23	14 45	14 18	15 30	14 98	16 34	13 86	17 31	16 71	18 27	17 62	19 21
1.15	10 53	11 04	11 87	12 93	12 79	13 00	13 50	14 07	14 68	13 93	13 53	16 05	18 18	17 33	16 99	18 23	18 45	20 10
1.15	11 05	12 06	11 94	13 07	12 90	14 06	13 82	13 08	14 73	16 07	15 66	17 08	18 08	17 40	19 04	18 32	20 10	[illegible]
1.14	11 53	12 30	13 29	13 11	13 94	11 41	14 18	13 73	13 37	13 72	14 37	16 17	16 72	17 63	17 30	18 23	19 71	19 21
1.20	13 07	11 25	13 10	13 03	13 31	11 60	13 11	13 72	13 66	16 21	17 83	17 45	19 62	18 41	20 58	26 68	22 72	20 06
1.35	13 36	11 69	13 58	13 91	13 69	17 12	16 84	18 [illegible]	17 33	18 36	19 06	19 02	20 18	49 69	21 30	22 3	21 77	21 45
1.50	21 16	13 67	22 80	21 99	21 09	26 91	26 12	28 85	28 02	30 73	29 94	33 67	31 70	31 33	33 30	31 31	33 22	39 13
2.00	21 02	23 90	23 12	23 23	23 23	27 53	27 03	20 49	28 81	34 83	30 62	33 30	32 82	35 37	41 23	37 35	36 04	39 30
2.25	21 91	21 10	21 91	26 12	25 78	28 13	27 03	30 15	29 38	32 14	34 31	35 60	31 01	37 11	35 96	30 17	37 78	41 22
2.28	22 06	21 73	21 06	26 80	26 15	28 86	28 34	30 92	30 23	32 60	32 11	35 00	31 01	37 11	35 06	39 42	38 14	41 03
2.30	22 05	23 87	23 00	26 82	27 15	29 96	29 43	32 41	31 34	33 23	30 00	36 00	31 30	34 27	10 60	39 22	42 72	43 79
2.35	21 02	26 31	24 02	26 92	30 02	30 53	32 74	32 01	31 92	37 03	33 13	36 06	39 30	34 03	41 40	40 03	43 35	[illegible]
2.40	26 84	26 31	29 64	28 36	11 03	31 66	31 23	31 36	33 39	34 12	37 31	31 97	41 01	41 36	47 36	43 62	49 73	[illegible]
2.45	31 22	34 02	33 83	36 90	36 63	39 09	12 64	45 8	41 82	48 90	51 44	53 01	46 43	51 06	49 13	32 01	82 03	90 33
2.50	23 02	36 06	41 03	39 75	37 37	12 79	12 64	43 63	47 82	46 71	40 99	10 67	41 10	37 03	37 13	46 58	36 03	64 13
2.85	33 05	36 07	37 90	41 13	40 17	40 37	43 64	40 33	09 34	33 89	11 51	43 74	78 06	70 30	83 01	81 83	63 93	[illegible]
3.25	48 90	33 05	73 07	57 17	41 03	63 17	13 64	09 37	53 89	73 73	72 73	78 06	70 30	83 31	41 60	81 66	89 07	[illegible]
3.50	00 90	33 13	33 87	21 07	10 37	89 47	73 73	71 43	11 20	78 39	30 64	81 32	92 02	80 81	83 00	87 03	81 83	98 33
3.65	53 74	36 07	38 21	03 57	62 71	68 17	67 23	13 33	71 74	78 23	76 81	83 82	80 81	80 60	83 10	83 93	93 87	[illegible]
6.20	59 53	61 97	61 51	70 34	09 17	73 73	71 43	81 20	78 39	80 01	81 32	92 02	80 81	87 03	91 27	102 01	99 23	108 27

DROIT DE 15 P. 0/0 SUR LA VALEUR DES VINS, ETC., EN BOUTEILLES,
DÉDUCTION FAITE DU 3 P. 0/0, VENDUS A

Nombre de bouteilles.	» fr. 50 c. la bouteille		» fr. 55 c. la bouteille		» fr. 60 c. la bouteille		» fr. 65 c. la bouteille		» fr. 70 c. la bouteille		» fr. 75 c. la bouteille		» fr. 80 c. la bouteille		» fr. 85 c. la bouteille		» fr. 90 c. la bouteille	
	1 déc.	2 déc.	1 déc.	2 déc.	1 déc.	2 déc.	1 déc.	2 déc.	1 déc.	2 déc.	1 déc.	2 déc.	1 déc.	2 déc.	1 déc.	2 déc.	1 déc.	2 déc.
1	» 09	» 10	» 10	» 11	» 10	» 11	» 11	» 12	» 13	» 15	» 14	» 16	» 14	» 16	» 15	» 17	» 16	» 18
2	» 17	» 19	» 19	» 21	» 20	» 22	» 22	» 24	» 24	» 27	» 26	» 29	» 27	» 30	» 29	» 32	» 30	» 33
3	» 26	» 29	» 28	» 31	» 30	» 33	» 33	» 36	» 36	» 40	» 37	» 41	» 39	» 43	» 42	» 46	» 44	» 48
4	» 33	» 36	» 37	» 41	» 39	» 41	» 42	» 46	» 46	» 51	» 49	» 54	» 52	» 57	» 55	» 60	» 59	» 65
5	» 41	» 45	» 46	» 51	» 49	» 54	» 57	» 66	» 58	» 61	» 62	» 68	» 65	» 71	» 70	» 77	» 73	» 80
6	» 49	» 54	» 54	» 59	» 59	» 65	» 64	» 70	» 69	» 76	» 73	» 80	» 77	» 81	» 83	» 91	» 87	» 95
7	» 58	» 64	» 63	» 69	» 69	» 76	» 74	» 81	» 80	» 88	» 85	» 93	» 91	1 »	» 97	1 06	1 13	1 23
8	» 65	» 71	» 72	» 79	» 77	» 84	» 84	» 92	» 91	1 »	» 97	1 06	1 04	1 14	1 09	1 19	1 16	1 27
9	» 73	» 80	» 81	» 89	» 87	» 95	» 95	1 04	1 03	1 13	1 09	1 19	1 16	1 27	1 25	1 36	1 31	1 43
10	» 84	» 89	» 90	» 99	» 97	1 06	1 06	1 16	1 13	1 23	1 21	1 32	1 29	1 41	1 38	1 54	1 45	1 59

Nombre de bouteilles.	» fr. 95 c. la bouteille		1 fr. » c. la bouteille		1 fr. 25 c. la bouteille		1 fr. 50 c. la bouteille		1 fr. 75 c. la bouteille		2 fr. » c. la bouteille		2 fr. 25 c. la bouteille		2 fr. 50 c. la bouteille		2 fr. 75 c. la bouteille	
	1 déc.	2 déc.	1 déc.	2 déc.	1 déc.	2 déc.	1 déc.	2 déc.	1 déc.	2 déc.	1 déc.	2 déc.	1 déc.	2 déc.	1 déc.	2 déc.	1 déc.	2 déc.
1	» 17	» 19	» 17	» 19	» 21	» 23	» 26	» 29	» 30	» 33	» 33	» 36	» 37	» 41	» 41	» 45	» 46	» 54
2	» 32	» 35	» 33	» 36	» 41	» 45	» 49	» 54	» 58	» 64	» 65	» 71	» 74	» 81	» 81	» 89	» 90	» 99
3	» 47	» 52	» 49	» 54	» 62	» 68	» 73	» 80	» 85	» 93	» 97	1 06	1 09	1 19	1 21	1 32	1 34	1 47
4	» 62	» 68	» 65	» 71	» 84	» 89	» 97	1 06	1 13	1 24	1 29	1 41	1 45	1 59	1 61	1 76	1 78	1 95
5	» 77	» 84	» 84	» 89	1 02	1 12	1 21	1 32	1 42	1 55	1 64	1 76	1 84	1 98	2 02	2 21	2 21	2 42
6	» 93	1 02	» 97	1 06	1 24	1 32	1 45	1 59	1 70	1 86	1 93	2 11	2 17	2 37	2 44	2 63	2 66	2 91
7	1 07	1 17	1 13	1 24	1 42	1 55	1 70	1 86	1 97	2 15	2 25	2 46	2 53	2 76	2 82	3 08	3 10	3 39
8	1 23	1 35	1 29	1 41	1 61	1 76	1 93	2 11	2 25	2 46	2 57	2 81	2 89	3 16	3 21	3 51	3 54	3 87
9	1 39	1 52	1 45	1 59	1 81	1 98	2 17	2 37	2 53	2 76	2 89	3 16	3 25	3 55	3 64	3 94	3 98	4 35
10	1 53	1 67	1 61	1 76	2 02	2 21	2 41	2 63	2 82	3 08	3 21	3 54	3 61	3 94	4 01	4 38	4 42	4 83

Nombre de bouteilles.	3 fr. » c. la bouteille		3 fr. 25 c. la bouteille		3 fr. 50 c. la bouteille		3 fr. 75 c. la bouteille		4 fr. » c. la bouteille		4 fr. 25 c. la bouteille		4 fr. 50 c. la bouteille		4 fr. 75 c. la bouteille		5 fr. » c. la bouteille	
	1 déc.	2 déc.	1 déc.	2 déc.	1 déc.	2 déc.	1 déc.	2 déc.	1 déc.	2 déc.	1 déc.	2 déc.	1 déc.	2 déc.	1 déc.	2 déc.	1 déc.	2 déc.
1	» 49	» 54	» 53	» 58	» 58	» 64	» 63	» 70	» 65	» 71	» 70	» 77	» 73	» 80	» 77	» 84	» 81	» 89
2	» 97	1 06	1 06	1 16	1 13	1 24	1 24	1 32	1 29	1 41	1 38	1 51	1 45	1 59	1 53	1 67	1 61	1 76
3	1 45	1 59	1 58	1 73	1 70	1 86	1 81	1 98	1 93	2 12	2 06	2 25	2 17	2 37	2 29	2 50	2 41	2 63
4	1 93	2 11	2 09	2 28	2 25	2 46	2 41	2 63	2 57	2 81	2 73	2 98	2 89	3 16	3 05	3 33	3 21	3 51
5	2 41	2 63	2 64	2 85	2 82	3 08	3 02	3 30	3 21	3 51	3 44	3 72	3 64	3 94	3 82	4 17	4 01	4 38
6	2 89	3 16	3 14	3 43	3 37	3 68	3 61	3 94	3 85	4 20	4 10	4 48	4 33	4 73	4 58	5 »	4 81	5 25
7	3 37	3 68	3 66	4 »	3 93	4 29	4 22	4 61	4 49	4 90	4 78	5 22	5 05	5 54	5 34	5 83	5 61	6 12
8	3 85	4 20	4 17	4 55	4 49	4 90	4 81	5 25	5 13	5 60	5 34	5 83	5 77	6 30	6 09	6 65	6 41	7 »
9	4 33	4 73	4 69	5 12	5 05	5 51	5 42	5 92	5 77	6 30	6 13	6 69	6 49	7 08	6 86	7 49	7 21	7 87
10	4 81	5 25	5 22	5 70	5 61	6 12	6 02	6 57	6 41	7 »	6 81	7 43	7 21	7 87	7 62	8 32	8 01	8 74

On doit forcer de 1 centime soit pour prendre le 15 p. 0/0, chaque fois que les deux derniers chiffres ne sont pas deux zéros, soit pour prendre les décimes toutes les fois que le dernier chiffre n'est pas un zéro. Pour la déduction du 3 p. 0/0 on ne force jamais.

Les décomptes du tableau ci-dessus ont été faits pour un débitant qui n'aurait à acquitter que le droit dû pour une des quantités qui y figurent; on ne peut donc, à cause des forcements, consulter ce tableau pour savoir quel droit est dû pour un seul litre ou une seule bouteille aux différents prix de vente qu'il indique.

Les débitants pouvant désirer savoir à quel chiffre s'élève le droit dû pour un seul litre ou une seule bouteille, déclaré aux prix ordinaires, nous donnons un tableau qui fait connaître ce droit avec les fractions.

En multipliant un des nombres qui indiquent le droit pour chaque prix de vente, par un nombre quelconque de litres ou de bouteilles, on obtiendra le droit dû, à un centime près (à cause des forts centimes).

Supposons 136 litres à 50 centimes le litre; en multipliant 136 par le nombre 0 fr. 08 c. 73, droit dû pour 1 litre à 50 centimes, avec deux décimes, on a 11 fr. 87 c. 28. Le droit de 136 litres à 50 centimes est 11 fr. 88 centimes. Voir le tableau page 56.

DROIT DE 15 P. 0/0 CENT SUR LA VALEUR DES VINS,

DÉDUCTION FAITE DU 3 P. 0/0, POUR UN SEUL LITRE OU UNE SEULE BOUTEILLE.

Prix de la bouteille ou du litre.	Avec un décime.	Avec deux décimes.	Prix de la bouteille ou du litre.	Avec un décime.	Avec deux décimes.	Prix de la bouteille ou du litre.	Avec un décime.	Avec deux décimes.
fr. c.	fr. c.	fr. c.	fr. c.	fr. c.	fr. c.	fr. c.	fr. c.	fr. c.
» 10	» 01.6005	» 01.746	» 70	» 11.2035	» 12.222	2 50	» 40.0125	» 43.65
» 15	» 02.40075	» 02.619	» 75	» 12.00375	» 13.095	2 75	» 44.01375	» 48.015
» 20	» 03.201	» 03.492	» 80	» 12.804	» 13.968	3 »	» 48.015	» 52.38
» 25	» 04.00125	» 04.365	» 85	» 13.60425	» 14.841	3 25	» 52.01625	» 56.745
» 30	» 04.8015	» 05.2515	» 90	» 14.4045	» 15.714	3 50	» 56.0175	» 61.11
» 35	» 05.6175	» 06.111	» 95	» 15.20475	» 16.587	3 75	» 60.01875	» 65.475
» 40	» 06.402	» 06.984	1 »	» 16.005	» 17.46	4 »	» 64.02	» 69.84
» 45	» 07.20225	» 07.857	1 25	» 20.00625	» 21.825	4 25	» 68.02125	» 74.205
» 50	» 08.0025	» 08.73	1 50	» 24.0075	» 26.19	4 50	» 72.0225	» 78.57
» 55	» 08.80275	» 09.603	1 75	» 28.00875	» 30.555	4 75	» 76.02375	» 82.935
» 60	» 09.603	» 10.476	2 »	» 32.01	» 34.92	5 »	» 80.025	» 87.3
» 65	» 10.40325	» 11.349	2 25	» 36.01125	» 39.285			

DÉBITANTS ABONNÉS.

La loi du 17 octobre 1830, reproductive de celle de 1816, dispose, art. 1er : « L'abonnement sera substitué à l'exercice en faveur de tous ceux des débitants qui en feront la demande. »

On ne peut le refuser à un débitant sous le prétexte qu'il a déjà été pris en contravention. (Décision 327.)

L'abonnement ne s'applique qu'aux vins, cidres, poirés et hydromels.

Rien ne s'oppose à ce qu'un débitant soit abonné pour une espèce de boissons et exercé pour les autres.

Le prix de l'abonnement est calculé non-seulement d'après les sommes payées pendant les années précédentes, mais encore d'après les chances probables d'augmentation ou de diminution du débit.

On comprend dans les abonnements toutes les boissons vendues, sans distinction de celles qui sont consommées chez le débitant ou livrées hors du débit en quantités au-dessous de l'hectolitre.

Les débitants abonnés ne peuvent obtenir décharge des boissons vendues en gros, au-dessous d'un hectolitre en fût ou de 25 bouteilles en panier; ils doivent appeler les employés au moment de l'enlèvement.

Ils sont tenus de déclarer toutes les boissons qu'ils possèdent chez eux ou ailleurs, de désigner le lieu de vente, de se munir d'une licence et d'indiquer par une enseigne ou bouchon leur profession de débitant.

Ils doivent déclarer à la recette buraliste les boissons qu'ils introduisent dans leur débit, et les représenter aux employés pour qu'ils puissent délivrer les certificats de décharge des acquits-à-caution.

Ils sont obligés de justifier, dans les lieux sujets, du payement du droit d'entrée et d'octroi.

Ils sont soumis, dans les cas prévus par les articles 40 et 41 de la loi du 28 avril 1816, à l'inventaire et au recensement des vins, cidres et poirés provenant de leur récolte.

Les débitants abonnés doivent déclarer la fabrication des boissons de toute espèce, et, si le lieu où ils sont établis est assujetti au droit d'octroi, ils sont obligés de laisser suivre cette fabrication par les employés.

Ils sont tenus de faire constater par les employés la détérioration ou la perte des boissons dont ils veulent obtenir décharge. (Voir page 50.)

Les dispositions des articles 61, 62, 63 et 64 de la loi du 28 avril 1816, relatives au recel des boissons, aux baux authentiques, à l'interdiction des communications, sont entièrement applicables aux débitants abonnés.

Les débitants abonnés sont donc soumis, aux mêmes obligations que les débitants exercés, à l'exercice près.

Les employés ne peuvent se présenter chez les débitants abonnés qu'avec l'autorisation d'un employé supérieur et assistés d'un officier public.

L'abonnement ne peut être consenti que pour un an au plus (art. 70, loi du 28 avril 1816). Le montant en est payable par mois et d'avance (art. 21, loi du 21 juin 1841).

Lorsque, avant l'expiration de son abonnement, un débitant demande à le renouveler, les employés procèdent à la reconnaissance des boissons qui restent, afin d'établir le nouveau traité.

Les abonnements peuvent être résiliés par suite de fraude constatée ou en cas d'abonnement par corporation.

L'abonnement s'applique exclusivement à l'établissement pour lequel il est consenti. Si le débitant possède d'autres débits dans la commune, il est tenu d'y acquitter le droit par exercice, ou de souscrire des abonnements pour chacun d'eux, lors même qu'il n'y vendrait que des boissons provenant de ses débits abonnés.

Si un débitant abonné fait une déclaration de cesser, cette déclaration ne peut avoir son effet qu'à dater de l'expiration de l'abonnement.

Néanmoins, si un débitant était forcé de demander la résiliation de son abonnement, il en serait rendu compte à l'administration qui, seule, peut prononcer sur ces sortes de demandes.

Lorsque l'administration n'a pas approuvé l'abonnement que le débitant avait souscrit, il ne peut que consentir à l'augmentation, à dater du 1er du mois qui suit celui dans lequel la notification lui est faite, ou rentrer sous le régime des exercices, ou enfin en appeler au préfet. Ce magistrat statue en conseil de préfecture. En cas de désaccord, la décision du conseil d'Etat est décisive.

Les débitants forains ne peuvent être abonnés, à moins que ce soit à l'hectolitre. Ils restent soumis aux visites du service.

DÉBITANTS RÉDIMÉS.

Les débitants ont le droit de s'affranchir des exercices en payant à l'arrivée le droit de consommation sur les liquides spiritueux qu'ils reçoivent. (Art. 41, loi du 21 avril 1832.)

Une déclaration de vouloir se rédimer doit précéder le payement du droit.

A défaut de payement des droits dans les trois jours, l'exercice est repris. Toutefois, les débitants peuvent se rédimer de nouveau quand il leur plaît.

Moins l'exercice, les débitants rédimés sont soumis aux mêmes obligations que les autres débitants.

Si un débitant, qui jusque-là a été exercé, déclare vouloir se rédimer, les droits sur les alcools qu'il a en magasin sont immédiatement exigibles, sans déduction du 3 p. 0/0, et à défaut par lui de les payer, sa déclaration est considérée comme nulle et les exercices continués.

Dans le cas de la reprise des exercices, soit d'office, soit par suite de déclaration, les quantités d'alcool déjà soumises aux droits sont suivies pour mémoire.

Les débitants rédimés ne jouissent pas de la déduction de 3 p. 0/0, accordée pour consommation de famille aux débitants exercés.

Ils n'obtiennent pas décharge des quantités perdues ou gâtées.

Ils payent un nouveau droit sur celles expédiées au dehors.

Ils ne peuvent jouir de l'entrepôt, ni fabriquer des liqueurs. Pourtant, lors de la récolte des fruits, ils peuvent fabriquer des liqueurs ou fruits à l'eau-de-vie, en faisant une déclaration et en souffrant les visites et exercices des employés pendant tout le temps de la fabrication. Les quantités fabriquées deviennent passibles du droit de consommation comme liqueurs, fruits et liquide compris, déduction faite de la quantité d'alcool employée si elle avait déjà acquitté le droit.

Exemple : supposons qu'un débitant ait employé 10 litres d'eau-de-vie à cinquante degrés, soit 5 litres d'alcool pur, pour fabriquer 20 litres de fruits (fruits et liquide compris), il doit payer le droit de consommation sur 20 litres d'alcool ou de liqueur, déduction faite des 5 litres d'alcool employés, soit 15 litres.

Dans ce cas, il n'est dû aucun droit d'entrée ni d'octroi.

L'exercice des spiritueux peut, chez les débitants rédimés pour l'alcool, mais exercés pour les vins, cidres, etc., avoir lieu sans formalité à chaque visite ordinaire.

Les débitants rédimés, qui ne vendent pas d'autres boissons que les spiritueux, ne peuvent être visités qu'avec un officier public. Les simples employés ont en outre besoin d'une autorisation écrite.

Les eaux-de-vie transvasées en bouteilles ne sont pas comptées, lors des recensements, comme liqueurs, mais bien selon leur degré.

Les débitants rédimés peuvent couper et mixtionner leurs alcools hors la présence des employés.

Lorsqu'un débitant rédimé veut changer de domicile, il doit appeler les employés pour faire le recensement de ses restes. Si les boissons trouvées chez lui sont de même nature et n'ont pas un degré supérieur à celles prises en charge, le chef de service de l'arrondissement peut autoriser le transport en franchise.

Celui qui reprend les alcools d'un débitant rédimé et qui lui succède dans son débit, ne doit pas payer de nouveau les droits sur ces boissons.

Les débitants rédimés sont tenus de représenter les boissons pour obtenir la décharge des acquits-à-caution, et de justifier, dans les lieux sujets au droit d'entrée, du payement de ce droit et de celui d'octroi.

(Pour l'établissement du droit de consommation, voir page 52.)

DÉBITANTS LIQUORISTES.

Les débitants liquoristes sont ceux qui se livrent à la fabrication des liqueurs et qui, indépendamment de leur vente locale en détail, effectuent au dehors d'un lieu sujet aux droits d'entrée et d'octroi, des ventes en gros d'une certaine importance.

Dans les lieux sujets, ils sont entrepositaires : c'est-à-dire qu'ils n'ont pas acquitté les droits d'entrée et d'octroi sur leurs boissons spiritueuses.

L'entrepôt, dans ce cas, n'est qu'une tolérance de la part de l'administration ; on ne peut le réclamer comme un droit légal.

Les entrepositaires doivent présenter chaque année une caution solvable, qui s'engage solidairement avec eux au payement des droits sur
les boissons qu'ils ne justifient pas avoir fait sortir du lieu sujet.

Les comptes des débitants liquoristes sont tenus de la même manière
que ceux des autres débitants.

Ils sont soumis à toutes les obligations des débitants ordinaires.
(Art. 2, loi du 24 juin 1824.)

Lorsque les débitants liquoristes veulent se livrer à la fabrication, ils
doivent en faire la déclaration au bureau de la régie.

DÉBITANTS ENTREPOSITAIRES.

Les débitants entrepositaires sont ceux qui, effectuant des ventes en
détail et en gros de liquides spiritueux à l'extérieur du lieu sujet aux
droits d'entrée et d'octroi où ils ont leur établissement, sont admis à
jouir de l'entrepôt pour les taxes locales qu'ils acquittent à l'expiration
du trimestre, sur les quantités en produits à leur compte.

Il leur est accordé décharge pour toutes les quantités dont ils justifient la sortie du lieu sujet.

L'entrepôt n'est qu'une tolérance ; on ne peut le réclamer comme un
droit légal. (Décision 131, du 7 septembre 1816.)

Le Directeur, seul, peut l'accorder.

Les débitants entrepositaires sont exercés et soumis aux mêmes obligations que les autres débitants.

DÉCLARATION DE CESSER.

Le débitant qui a déclaré cesser son débit est tenu de retirer son enseigne ou bouchon et reste soumis, pendant les trois mois suivants, aux visites et exercices des employés. En cas de continuation de vente, il est dressé procès-verbal de cette contravention, et, en outre, il est contraint, pour tout le temps écoulé depuis la déclaration de cesser, au payement des droits, proportionnellement aux sommes constatées à sa charge pendant le trimestre précédent. (Art. 67 de la loi du 28 avril 1816.)

Les débitants sont tenus de représenter les expéditions de toutes les boissons qu'ils introduisent chez eux, pendant les trois mois qui suivent leur déclaration de cesser.

Le débitant qui cesse doit acquitter le droit de consommation sur les alcools et liqueurs qui lui restent et le droit de circulation sur les vins, cidres, poirés et hydromels. Si les quantités qui lui restent n'atteignent pas 1 hectolitre en fût et 25 litres en bouteilles, c'est le droit de détail qui est dû. (Voir ce qui est dit à ce sujet page 24.)

Lorsqu'un débitant cède son débit à un particulier pour lui succéder, il n'a aucun droit à payer ; le compte de ses boissons est continué sous le nom et pour le compte de son successeur.

Celui qui, pendant tout le temps qu'il a été débitant, n'a reçu aucune boisson, ne doit aucun droit sur les restes au moment de sa déclaration de cesser, les droits ayant été acquittés sur ces boissons avant l'établissement de son débit.

Un débitant qui, au moment de sa déclaration de cesser, a en cave des vins ou piquettes d'un faible prix, doit sur ces quantités de vins ou piquettes le droit qui lui est le plus avantageux du droit de circulation ou de détail.

TABLEAUX

DES

CONTRAVENTIONS ET AMENDES.

Circulation.

En matière de circulation, les cas ci-après sont passibles d'une amende de 100 à 600 francs. (Art. 19, loi du 28 avril 1816.)

1° Enlèvement ou transport de boissons sans expédition. (Art. 1er et 6, loi du 28 avril 1816.)

2° Défaut d'identité entre l'expédition et le chargement. (Art. 10, même loi.)

3° Fausse destination. (Art. 10 et 13, même loi.)

4° Le délai accordé pour le transport expiré. (Art. 13, même loi.)

5° Déchargement ailleurs que chez le destinataire indiqué sur l'expédition, sans déclaration préalable. (Art. 10, 13 et 14, même loi.)

6° Séjour des boissons en route pendant plus de vingt-quatre heures, sans déclaration. (Art. 14, même loi.)

7° Refus de représenter les boissons en transit. (Art. 14, même loi.)

8° Refus de représenter les expéditions. (Art. 17, même loi, et article unique, loi du 23 avril 1836.)

9° Refus de laisser vérifier les boissons. (Art. 17, même loi.)

Entrée et taxe unique.

En matière d'entrée, l'amende est de 100 à 200 francs (art. 46, loi du 28 avril 1816), sans préjudice de celle encourue au profit de l'octroi.

1° Introduction sans déclaration et payement des droits dans les villes où la perception est faite à l'entrée. (Art. 24, loi du 28 avril 1816.)

2° Déchargement ou introduction à domicile sans déclaration et paye-ment des droits dans les villes où la perception est faite au bureau cen-tral. (Art. 25, loi du 28 avril 1816.)

3° Fausse déclaration des objets soumis aux droits. (Art. 24 et 25, même loi.)

4° Introduction avant ou après les heures permises. (Art. 26, même loi.)

Janvier, février, nov. et déc., avant 7 h. du mat., après 6 h. du soir.
Mars, avril, sept. et octobre.   — 6   —   — 7   —
Mai, juin, juillet et août.....   — 5   —   — 8   —

5° Enlèvement chez un entrepositaire avant d'avoir acquitté les droits. (Art. 37, loi du 28 avril 1816, et art. 38, loi du 21 avril 1832.)

6° Opposition à la visite et à la vérification des chargements à l'en-trée. (Art. 24 et 25, loi du 28 avril 1816.)

7° Présentation à la sortie d'objets d'une nature différente de ceux entrés en passe-debout, en transit, ou en entrepôt, ou en quantité infé-rieure à celle déclarée. (Mêmes articles.)

8° Fabrication de boissons sans déclaration, dans l'intérieur d'un lieu sujet, avec des matières non inventoriées. (Art. 24, loi du 28 avril 1816.)

9° Recélé de boissons soumises à l'inventaire, ou fausse déclaration par un propriétaire récoltant. (Art. 24 et 25, même loi.)

« Les piquettes faites avec de l'eau jetée sur de simples marcs sont exemptes des droits ; celles de marcs gras, raisins et de fruits concassés, peuvent être soumises à l'inventaire. »

10° Excédant de boissons chez un récoltant. (Art. 40, même loi.)

11° Refus de souffrir l'inventaire. (Art. 40, même loi.)

12° Refus de souffrir le recensement avant la récolte. (Art. 41, même loi.)

Débitants de boissons.

En matière de détail, l'amende est de 300 à 1,000 francs pour les trois premiers cas (art. 95, loi du 28 avril 1816), et de 50 à 300 francs pour les autres. (Art. 96, même loi.)

1° Vente en détail sans déclaration ni licence. (Art. 50 et 144, loi du 28 avril 1816.)

« Les contrevenants peuvent obtenir la mainlevée des boissons saisies, moyennant consignation de 1,000 francs ou caution solvable. »

2° Vente pendant les trois mois qui suivent la déclaration de cesser. (Art. 67, loi du 28 avril 1816.)

3° Vente en détail par un débitant exercé ou abonné d'une espèce de boisson dont il a déclaré ne pas vouloir opérer la vente. (Art. 50, même loi.)

4° Défaut d'enseigne ou bouchon. (Art. 50, même loi.)

5° Refus de retirer les enseignes ou bouchons après déclaration de cesser. (Art. 67, même loi.)

6° Fausse déclaration des boissons appartenant aux débitants. (Art. 50, même loi.)

7° Refus de déclarer le prix de vente, ou fausse déclaration. (Art. 48, même loi.)

8° Augmentation des prix de vente sans déclaration. (Art. 48, même loi.)

9° Omission ou refus d'afficher le prix de vente. (Même article.)

10° Refus de souffrir les visites et exercices des employés. (Art. 52, loi du 28 avril 1816.)

11° Refus de laisser jauger, déguster et reconnaître les boissons. (Art. 53, même loi.)

12° Refus d'ouvrir les caves, celliers et autres parties de leur maison. (Art. 56, même loi.)

13° Refus de souffrir les visites et exercices pendant les trois mois qui suivent la déclaration de cesser. (Art. 67, loi du 28 avril 1816.)

14° Refus de sceller les communications intérieures. (Art. 61, même loi.)

15° Refus par le voisin d'un débitant de souffrir les exercices lorsqu'il y a été légalement requis. (Art. 63, même loi.)

16° Introduction de boissons sans expédition ou avec des expéditions inapplicables. (Art. 53, loi du 28 avril 1816.)

17° Défaut de représenter les expéditions pour les boissons introduites, même pendant les trois mois qui suivent la déclaration de cesser. (Art. 53, même loi.)

18° Défaut de représenter les quittances d'entrée et d'octroi. (Même article.)

19° Recélé de boissons par les débitants. (Art. 61, même loi.)

20° Recélé ou dépôt chez un particulier, de boissons appartenant à un débitant, sans bail authentique. (Même article.)

21° Vaisseaux inférieurs à l'hectolitre. (Art. 58, même loi.)

22° Opposition au cachetage des bouteilles. (Même article.)

« L'administration a renoncé au cachetage des bouteilles. (Circ. 394 et 446.) »

23° Mise en vente de plus de trois pièces à la fois de chaque espèce de boissons. (Même article.)

24° Vaisseaux d'une contenance supérieure à cinq hectolitres. (Même article.)

25° Remplissage hors la présence des employés. (Art. 59, loi du 28 avril 1816.)

26° Substitution d'eau ou de tout autre liquide. (Même article.)

27° Enlèvement sans démarque. (Même article.)

28° Enlèvement des pièces pleines sans démarque. (Art. 57, même loi.)

29° Râpés prohibés et remplissage sur les râpés en l'absence des employés. (Art. 60, même loi.)

30° Vente en détail sans autorisation, par un bouilleur, pendant la distillation. (Art. 69, même loi.)

31° Vente en détail par des personnes non comprises dans la répartition en cas d'abonnement par corporation. (Art. 80, même loi.)

32° Vente par un débitant de crû, de boissons autres que celles déclarées. (Art. 85, même loi.)

« Ils ne peuvent fournir aux buveurs que les boissons déclarées, avec les bancs et tables. (Art. 86, même loi.) Ils sont soumis aux mêmes obligations que les autres débitants. On ne peut visiter l'intérieur de leur domicile, pourvu qu'il soit séparé du lieu du débit. »

Liquoristes.

L'amende est de 500 à 2,000 francs ; dans les deux derniers cas, de 100 à 600 francs. (Art. 10, loi du 24 juin 1824.)

1° Etablissement sans déclaration d'un simple particulier comme liquoriste débitant. (Art. 50 et 144, loi du 28 avril 1816, et art. 1er, loi du 24 juin 1824.)

2° Fabrication par un débitant sans déclaration préalable. (Art. 1er, loi du 24 juin 1824.)

3° Envoi de liqueurs sans expédition. (Art. 5, loi du 24 juin 1824.)

4° Enlèvement d'une fabrique de liqueurs, d'eaux-de-vie ou esprits en nature, en fûts inférieurs à l'hectolitre. (Art. 9, même loi.)

5° Refus de fournir l'eau et les ouvriers pour reconnaître la contenance des vaisseaux. (Art 6, même loi.)

6° Usage de vaisseaux dont la contenance n'a pas été vérifiée. (Art. 6, même loi.)

7° Altération de la densité des spiritueux. (Art. 4, loi du 24 juin 1824.)

Cartes à jouer.

L'amende est de 1,000 francs. (Décret du 4 prairial an 13.)

1° Dépôt de cartes prohibées chez un assujetti. (Art. 12, arrêté du 3 pluviôse an 6, et art. 14, arrêté du 19 floréal suivant.)

« Pour saisir les cartes de fraude chez un débitant de boissons, il faut que l'on constate la possession et l'usage de ces cartes. (Décision n° 639.) »

2° Usage de cartes prohibées dans les maisons où le public est admis. (Art. 167, loi du 28 avril 1816.)

« La personne qui tient l'établissement est en contravention, lors même que les cartes auraient été apportées par les joueurs. (Art. 167, même loi.) — Les cartes d'étrennes (cartes d'enfants) seraient saisissables, si elles étaient trouvées entre les mains des joueurs. »

3° Vente et entrepôt de cartes recoupées ou réassorties, qu'elles soient sous bande ou sans bande. (Art. 10 du décret du 16 juin 1808.)

4° Vente de cartes sous bande ou sans bande, neuves ou ayant servi, par les commis des maisons de jeux, serviteurs, domestiques ou autres particuliers. (Art. 11, arrêté du 19 floréal an 6.)

5° Achat de cartes par un débitant ailleurs que chez un fabricant commissionné. (Art. 11, arrêté du 3 pluviôse an 6.)

6° Défaut par les entrepreneurs et directeurs de cafés, clubs et maisons où l'on donne à jouer, de tenir un livre d'achat. (Art. 12, arrêté du 3 pluviôse an 6.)

7° Refus de souffrir les exercices. (Art. 13, arrêté du 3 pluviôse an 6.)

Tabacs.

L'amende est de 300 à 1,000 francs. (Art. 222, loi du 28 avril 1816.)

Vente de tabacs à domicile sans commission de la Régie. (Art. 172, même loi.)

Poudres à feu.

L'amende est de 300 à 1,000 francs pour les cas de vente et colportage, outre l'arrestation. (Art. 25, loi du 25 juin 1841.) — Dépôt de poudre ordinaire, 100 francs. (Art. 28, loi du 13 fructidor an 5.) De poudre de guerre, 3,000 francs. (Art. 23, même loi, et art. 4, décret du 23 pluviôse an 13.) Transport et introduction, 20 fr. 44 c. par kilogramme. (Art. 30, décret du 23 pluviôse an 13.)

1° Vente de poudre sans commission de la Régie. (Art. 24, loi du 13 fructidor an 5.)

2° Dépôt de poudre à feu ordinaire en quantité au-dessus de 2 kilogrammes, chez un particulier non autorisé. (Art. 2, loi du 24 mai 1834.)

3° Dépôt de poudre de guerre en quelque quantité et chez quelque particulier que ce soit. (Art. 4, décret du 13 pluviôse an 13 ; et art. 2, loi du 24 mai 1834.)

4° Transport de poudre en quantité au-dessus de 2 kilogrammes sans une expédition de la Régie. (Art. 30, loi du 13 fructidor an 5 ; et art. 2, loi du 24 mai 1834.)

5° Introduction dans l'Empire de poudre étrangère. (Art. 21, loi du 13 fructidor an 5.)

Octrois.

L'amende est de 100 à 200 francs ; elle est de 1,000 francs quand il y a fraude à l'aide d'une voiture suspendue. (Art. 9, loi du 24 mai 1834.) L'amende est de 50 francs pour refus de vérification. (Art. 15, loi du 27 frimaire an 8.)

1° Introduction ou passage devant un bureau de perception d'objets soumis aux droits, sans déclaration préalable, dans les villes où la perception s'opère à l'entrée. (Art. 28 et 29 de l'ordonnance du 9 décembre 1814.)

2° Déchargement ou introduction à domicile desdits objets dans les villes où la perception s'effectue au bureau central, ou au delà des bureaux d'entrée dans les villes où elle a lieu aux portes. (Art. 28 et 34, même ordonnance.)

3° Fausse déclaration de la quantité des objets compris au tarif. (Art. 29, même ordonnance.)

4° Fausse déclaration de l'espèce desdits objets. (Même article.)

5° Présentation à la sortie d'objets autres que ceux déclarés en passe-debout, en transit ou en entrepôt, ou en quantité inférieure à celle pour laquelle le certificat de sortie est réclamé. (Art. 28 et 29 de l'ordonnance du 9 décembre 1814.)

6° Préparation, fabrication ou récolte dans l'intérieur, sans déclaration préalable, d'objets compris au tarif. (Art. 36, même ordonnance.)

7° Fausse déclaration des objets préparés, fabriqués ou récoltés dans l'intérieur. (Art. 28 et 36, même ordonnance.)

8° Enlèvement, sans déclaration préalable, d'objets admis en entrepôt. (Art. 28 et 29, même ordonnance.)

9° Substitution dans un entrepôt d'eau ou de tout autre liquide non sujet aux droits, aux liquides admis en entrepôt. (Même article.)

10° Refus de souffrir la vérification des voitures, caisses, ballots, paniers et autres enveloppes susceptibles de contenir des objets soumis aux droits. (Art. 28, même ordonnance.)

11° Refus de laisser entrer les préposés de l'Octroi par un propriétaire récoltant, nourrisseur de bestiaux, boucher, charcutier et autres, soumis aux visites par le règlement. (Art. 36, ordonnance du 9 décembre 1814.)

12° Opposition aux fonctions des employés. (Art. 15, loi du 27 frimaire an 8.)

PROCÈS-VERBAUX.

Formalités prescrites par le décret du 1er germinal an 13, et dont l'omission rend un procès-verbal nul.

Un procès-verbal doit contenir :

1° La date, où l'on commence sa rédaction ;

2° Les noms, qualités et demeure du préposé chargé des poursuites, et l'élection de domicile ;

3° Les noms, prénoms, qualités et demeure des saisissants :

4° La date de la saisie ;

5° La cause de la saisie ;

6° L'espèce, poids ou mesure, des objets saisis ;

7° La déclaration de saisie ou de procès-verbal ;

8° L'offre de la mainlevée sous caution solvable ou consignation ;

9° Les nom, prénoms et qualité du gardien, lorsqu'il y a saisie réelle ;

10° L'évaluation des objets ;

11° Le lieu de la rédaction du procès-verbal ;

12° La présence du prévenu à la rédaction ou sommation d'y assister, et sa réponse ;

13° Lecture du procès-verbal donnée au contrevenant, et remise de la copie ; en cas d'absence, réserve d'afficher ou de notifier cette copie dans le délai prescrit ;

14° L'heure de la clôture du procès-verbal.

La rédaction d'un procès-verbal doit avoir lieu dans les 24 heures de la saisie.

L'affiche ou la notification doit être faite dans les 24 heures de la clôture du procès-verbal.

On affiche à la porte de la mairie.

L'affirmation doit avoir lieu devant le juge de paix du canton où la contravention a été constatée, au moins par deux saisissants, dans les trois jours de la clôture.

Le procès-verbal doit être enregistré dans les quatre jours.

Les assignations doivent être données dans les trois mois de la date du procès-verbal, à peine de déchéance.

Elle peut être donnée par les employés. (Loi du 15 juin 1835.)

Les employés sont soumis aux mêmes formalités que les huissiers.

L'assignation doit être donnée au domicile réel du contrevenant ; si on ne trouve personne à ce domicile pour recevoir copie de l'assignation, les employés doivent, sous peine de nullité, en faire la mention, et interpeller un des voisins pour recevoir la copie et viser l'original ; sur son refus, la copie est portée à la mairie.

FIN.

TABLE.

RÈGLES

POUR RÉSOUDRE TOUS LES PROBLÈMES D'INTÉRÊTS.

De l'intérêt simple.

RÈGLE. Pour trouver l'intérêt d'un capital quelconque pour un an à un taux donné, on multiplie le capital par le taux, et on divise le produit par 100.

L'intérêt de 5 p. 0/0 d'un capital quelconque s'obtient en prenant le 20e du capital.

RÈGLE. Pour trouver le capital, connaissant l'intérêt pour un an et le taux, on multiplie l'intérêt par 100 et on divise le produit par le taux.

RÈGLE. Pour trouver le taux, connaissant le capital et l'intérêt pour un an, on multiplie l'intérêt par 100 et on divise le produit par le capital.

RÈGLE. Pour trouver l'intérêt d'un capital pour un temps donné, on multiplie l'intérêt d'un an par le temps.

Si le temps donné est moindre qu'une année, on l'exprime en jours.

EXEMPLE : Si l'intérêt était pour 135 jours, il faudrait multiplier l'intérêt d'un an par 135 et diviser le produit par 365 ; car 135 jours égalent $\frac{135}{365}$ de l'année.

Dans ce cas, la règle générale devient :

RÈGLE. Pour trouver l'intérêt d'une somme pour un nombre de jours fixé, à un taux donné, on multiplie le capital par le taux, puis ce premier produit par le nombre de jours, et on divise le produit total par 36500.

De l'intérêt composé.

RÈGLE. Pour trouver à quelle somme s'élève, après un temps donné, un capital à intérêt composé, on ajoute à 1 l'intérêt de 1 franc par an, au taux donné, et l'on forme un produit composé d'autant de facteurs égaux à ce nombre qu'il y a d'unités dans le nombre d'années, on multiplie le capital par le produit, et le résultat est la somme demandée.

Des fonds publics.

RÈGLE. Pour connaître l'intérêt d'un placement de fonds en achetant des rentes à un cours donné, on multiplie la rente par 100 et on divise le produit par le cours de la rente.

RÈGLE. Pour connaître le prix d'une quantité quelconque de rentes à un cours donné, on multiplie la quantité de rentes par le cours et on divise le produit par la rente achetée.

RÈGLE. Pour connaître combien on peut acheter de rentes pour une somme donnée, on multiplie la rente par la somme et on divise le produit par le cours de la rente.

De l'escompte.

RÈGLE DE L'ESCOMPTE EN DEHORS. Pour trouver l'escompte en dehors, on calcule, au taux de l'escompte, l'intérêt pour le temps à écouler jusqu'à l'échéance.

RÈGLE DE L'ESCOMPTE EN DEDANS. Pour trouver l'escompte en dedans, on multiplie le montant du billet par 100 et on divise le produit par 100 augmenté de l'intérêt de 100 francs pour le temps à écouler jusqu'à l'échéance.

Règle de répartition.

RÈGLE. Pour partager un nombre en deux ou plusieurs parties, qui soient entre elles comme des nombres donnés, on multiplie le nombre à partager par chacun des nombres donnés et l'on divise le produit par la somme des nombres donnés.

EXEMPLE : 630 à partager en trois parties qui soient entre elles comme les nombres 2, 3 et 5.

$$\text{On a :} \quad \frac{630 \times 2}{2 + 3 + 5} = \frac{630 \times 2}{10} = \frac{1260}{10} = \dots\dots\dots \quad 126$$

$$\frac{630 \times 3}{10} = \dots\dots\dots\dots\dots\dots\dots\dots\dots \quad 189$$

$$\frac{630 \times 5}{10} = \dots\dots\dots\dots\dots\dots\dots\dots\dots \quad 315$$

$$\text{Total égal} \dots\dots\dots \quad 630$$

Règle de Société.

RÈGLE. Pour connaître la part de chaque associé, on multiplie la somme à partager par sa mise et on divise par la somme des mises.

ÉCONOMIE DOMESTIQUE.

Coupage d'esprit pour en faire de l'eau-de-vie.

Prenez 100 litres d'esprit à 86 degrés, pour le réduire à 50 degrés, ajoutez-y 80 litres d'eau prise sous la vanne d'un moulin (eau battue) ; puis, quand vous aurez bien remué pendant deux jours, en tirant et remettant dessus, vous y mettrez 1 litre de sirop de raisin et 1/4 de litre de caramel. On peut y ajouter 1 litre de brou de noix, ou mieux, de brou d'amande.

Si vous voulez le réduire à 52 degrés, vous mettrez seulement 70 litres d'eau.

Bière mousseuse.

Pour rendre la bière mousseuse, tout en l'améliorant de qualité, il faut verser dans 1 hectolitre de bière faite 15 litres de bière non fermentée, c'est-à-dire de bière prise au moment de l'entonnement; on y ajoute 30 grammes de sucre candi pulvérisé ou 60 grammes de sucre ordinaire. On rince les bouteilles avec un peu d'eau-de-vie, et on met la bière en bouteilles.

Au bout de cinq jours on est sûr d'avoir de très-bonne bière mousseuse.

Lorsque la bière fait briser les bouteilles, avoir soin de les mettre debout.

Collage des vins.

Tout le monde sait que les vins doivent être clarifiés avant d'être mis en bouteilles. On les clarifie soit à la colle de poisson, soit en introduisant dans chaque tonneau six blancs d'œufs battus. On ne doit pas craindre de répéter le collage une seconde fois, si la première n'a pas suffi, et l'on continue ainsi jusqu'à ce que le vin soit tout à fait dépouillé.

Le collage n'a pas seulement pour effet de communiquer au vin une limpidité parfaite, mais encore d'en éloigner tous les principes fermentescibles qui pourraient, plus tard, le troubler et nuire à sa conservation.

Lorsqu'on veut mettre du vin en bouteilles, on doit choisir un temps bien clair.

Vinaigre falsifié.

Le vinaigre est souvent falsifié avec de l'acide sulfurique. Pour découvrir la fraude, il faut ajouter du chlorure de calcium cristallisé et chauffer jusqu'à l'ébullition; on remarquera, après le refroidissement, un dépôt de sulfate de chaux.

Goudron pour les bouteilles.

Prenez : 35 grammes de colophane,
     35   —   de poix-résine,
     10   —   de cire,
     15   —   de gomme laque.

On fait fondre la cire et on y ajoute les résines.

Procédé pour cirer les parquets.

On fait dissoudre dans deux litres de lessive, pour :
     15 centimes de roucou,
     15   —   de sel de Tarbes,
     60   —   de cire,
     10   —   de savon blanc.

On étend avec un pinceau.

Destruction des punaises.

Laver le parquet et la boiserie avec de la lessive tiède. Ensuite passer avec un pinceau ou une plume le long des plinthes et dans les fentes des boiseries qui avoisinent les lits, dans les fentes et les joints intérieurs des bois de lits, de l'eau dans laquelle on a mis, pour 1 litre d'eau 15 grammes de sublimé corrosif (muriate de mercure).

Passer de cette eau pendant deux ou trois jours; ensuite mettre une bonne couche d'onguent gris dans les fentes et joints intérieurs des bois de lits, où portent les sommiers. Avoir soin de recommander au pharmacien de charger beaucoup l'onguent gris de muriate de mercure.

Composition d'encre très-noire.

Mettez dans un litre d'eau :
     40 grammes de noix de Galles,
     30   —   de couperose,
     30   —   de sucre candi,
     30   —   de gomme arabique,
     30   —   de bois d'Inde.

Réduisez le tout en poudre, mettez dans l'eau et laissez infuser, en ayant soin de remuer chaque jour, pendant quatre à cinq jours.

Beau cirage pour la chaussure.

Prenez 125 grammes de mélasse, 125 grammes de noir d'os, bien les mêler, puis mettre 31 grammes d'huile d'olive, les mêler de nouveau, mettre un verre de bière et mêler encore; ensuite laissez reposer une heure, et mettez un demi-quart de verre de vitriol.

Procédé pour rendre la chaussure imperméable.

```
Cire jaune............  45 grammes.
Suif de mouton.......  63    —
Huile d'œillette........ 250   —
Résine..............   8    —
```

On fait fondre le tout dans un vase de terre, et lorsque cette préparation n'est que tiède, on l'étend sur la chaussure avec une brosse, en ayant soin que le cuir soit sec.

Préparation du fiel de bœuf pour enlever les taches.

On met un litre de fiel de bœuf sur le feu; on le fait bouillir, et on écume la partie azotée qui vient au-dessus; quand elle est bien écumée, on y jette 31 grammes d'alun bien pulvérisé et tamisé, et lorsque le mélange est refroidi, on le met dans une bouteille sans boucher parfaitement.

Eau de Seltz.

Vous emplissez d'eau une bouteille où vous avez adapté à l'avance un bouchon qui bouche bien; vous y introduisez 4 grammes d'acide tartrique en poudre et 4 grammes de bi-carbonate de soude; vous bouchez avec promptitude; vous couvrez le bouchon d'un morceau de toile que vous ficellerez autour du goulot, et, au bout de cinq minutes, vous pouvez la boire.

Cette eau peut se garder, en ficelant la bouteille comme pour le vin de Champagne.

Eau de Cologne.

Mettez dans un litre d'esprit (à 86 ou 90 degrés) :

```
6 grammes de bergamote,
4    —    de citron double,
4    —    de lavande,
4    —    de cédrat,
1    —    de néroli surfin,
1    —    de romarin,
4    —    de Portugal,
```

Paris, Paul Dupont.

9 782329 695402